ESSAI
SUR
L'OPÉRA,

TRADUIT DE L'ITALIEN

DU COMTE ALGAROTTI;

PAR M. ***.

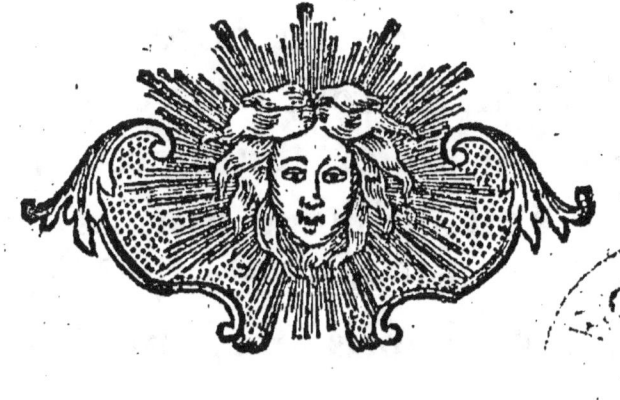

A PISE;
& *se trouve*
A PARIS,
Chez RUAULT, Libraire, rue de la Harpe,
près de la rue Serpente.

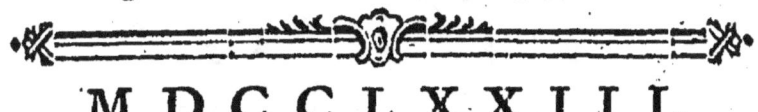

MDCCLXXIII.

PRÉFACE
DU TRADUCTEUR.

LE Comte Algarotti est trop connu dans la République des Lettres, pour qu'il soit nécessaire d'en faire ici l'éloge. Philosophe profond, Poëte agréable, Historien exact, Littérateur judicieux, il s'est distingué dans toutes les Sciences ; & semblable à Fontenelle, qu'il avoit pris pour modèle, il a réuni bien des talents, dont un seul pourroit faire la gloire d'un autre Ecrivain (*).

(*) Il mourut à Pise le 23 de Mai 1764. Quelque temps avant sa mort il s'étoit érigé un Mau-

On a déja donné dans notre Langue la traduction de quelques-uns des ses Ouvrages. Son Neutonianifme traduit par M. Peron de Caftera, & fon Effai fur la Peinture par M. Pingeron, ont été goûtés du Public. Ofera-t-on efpérer qu'il daignera faire un accueil auffi favorable à fon Effai fur l'Opéra ? On ne craint pas d'affurer que des vues judicieufes, des principes affurés, des règles dictées par le goût & la faine raifon en font le mérite principal ; qu'il a beaucoup contribué à corriger l'Opéra Italien, & qu'on lui eft redevable des changemens avantageux arrivés dans ce Spectacle, qui feroit encore le premier de tous, s'il étoit conforme au but que les Inventeurs

---

folée, plutôt par goût pour les Beaux-Arts, que par la manie d'illuftrer fa mémoire. Il dicta lui-même fon épitaphe : *Hic jacet Algarotus, fed non omnis.*

s'y font proposés, & si l'on sçavoit en tirer tout le parti qui convient.

Nous serions trop heureux, si cette Traduction pouvoit opérer le même effet en France. C'est au moins dans ce dessein que nous l'avons entreprise ; entraînés par l'amour des Beaux-Arts qui se rassemblent tous sur ce Théâtre, pour l'embellir, nous n'avons pû résister à l'idée flatteuse de contribuer par notre zèle à détruire les vices que le préjugé, l'ignorance, la paresse & le mauvais goût y ont introduits, & à le rendre susceptible de nouvelles beautés.

Il seroit inutile d'objecter que cet Essai ne peut être d'aucune utilité pour nous, & que ce qui convient à l'Opéra Italien, ne peut pas convenir à l'Opéra François. Ne sçait-on pas que nous en avons emprunté l'idée entiere des Italiens eux-mêmes dans le siècle dernier, & que la forme & les parties constitutives en sont les mêmes chez l'une & l'autre Nation. D'ailleurs, tout ce qui nous vient d'Italie, en fait d'Arts agréables, n'est pas en possession de nous plaire sans restriction ? Depuis une vingtaine d'années sur-tout, la Musique Italienne a gagné presque tous les suffrages. Il s'est élevé parmi nous une Secte d'enthousiastes, qui nous a dit : Vous avez tort de trouver beau ce que la nature, le caractère national & le sentiment vous ont fait regarder comme tel jusqu'à présent : gardez-vous bien de les prendre pour guides. Vous n'avez point de Musique, vous ne pouvez pas même en avoir : adoptez celle des Italiens qui réunit tous les genres possibles d'agrémens : le reste de l'Europe vous en donne l'exemple ; & on les a cru sur leur parole, & on a admiré avec transport la Musique Italienne, & on a relégué la Françoise parmi des imbécilles, dont les esprits lourds & gothiques ont encore la sottise de donner la préférence à ce qui s'est fait dans le siècle de Louis XIV.

Ce n'est pas ici le lieu d'examiner si ce changement de goût est avantageux ou nuisible à notre Nation. Mais on sera peut-être étonné de voir comment cette Musique, célébrée parmi nous d'une maniere si victorieuse, est jugée par un homme impartial & par un Amateur éclairé ; comment il releve des défauts dont on s'étoit donné bien de garde de nous parler. On apprendra peut-être encore à se défier des clameurs dictées par l'intérêt & la prévention, & à démêler les sophismes malgré les charmes d'une éloquence pompeuse dont on a tâché de les couvrir. Au moins les discussions que cet Essai présente, ne pourront que contribuer à la perfection & à la gloire des Beaux-Arts.

Il ne reste plus qu'à dire un mot

de la maniere dont cette traduction est faite. On a cherché, par-dessus tout, à rendre le sens de l'Auteur, & on se flatte d'y avoir réussi. Mais on n'a pas cru devoir s'attacher à rendre scrupuleusement la signification de chaque terme : on a suivi le précepte d'Horace : *Nec verbum verbo curabis reddere.* On a étendu & retranché les pensées de l'Auteur, quand on l'a jugé nécessaire pour la plus grande clarté du discours. Mais on a pris rarement cette liberté, & l'on a mieux aimé rejetter dans des notes ce qui demandoit un plus long développement des principes avancés dans le texte, ou ce qui fournissoit des réflexions qu'on a toujours eu soin de ramener à notre Théâtre de l'Opéra.

ÉPITRE

ÉPÎTRE DÉDICATOIRE

DE L'AUTEUR,

A GUILLAUME PITT (a).

ON trouvera peut-être étrange, homme immortel, que je vous dédie un Ouvrage qui traite de la Poësie, de la Musique & du Théâtre, à vous qui avez sçu ranimer la valeur naturelle de

---

(a) Aujourd'hui Comte de Chattaam.

votre Nation, la mettre pour toujours à couvert des insultes de ses ennemis, & qui l'avez fait triompher en une même année dans les quatre parties de l'Univers. Mais alors il faudroit ignorer que le Restaurateur de l'Angleterre, & l'ami du GRAND FRÉDÉRIC, sçait encore consacrer ses loisirs à la culture des Lettres, & que l'Eloquence victorieuse avec laquelle il tonne dans le Parlement, n'est pas moins un effet de l'élévation de son ame, que le fruit des profondes études qu'il a faites des Démosthènes & des Cicérons, ses modèles. Puisse seulement cet Essai être jugé digne de partager les sçavans loisirs d'un tel homme, & obtenir les suffrages de celui qui dans les plus hautes charges de l'Etat, a mérité l'admiration & l'applaudissement de toute l'Europe.

FRANÇOIS ALGAROTTI.

A Pise, ce 18 Décembre 1762.

INTRODUCTION.

DE tous les moyens que les hommes ont imaginé pour se procurer du plaisir, il n'en est guère sans doute de plus ingénieux & de mieux entendu que l'Opéra. Dans le temps de sa création on n'a rien négligé de ce qui peut conduire à ce but. La Poësie, la Musique, la Danse, la Peinture, la Déclamation Théâtrale; tous les Arts agréables s'y sont trouvés heureusement réunis pour frapper les sens, pour charmer le cœur, & pour satisfaire l'esprit.

Mais il en est peut-être de l'Opéra, comme de ces grandes Machines qui à mesure qu'elles sont plus composées, sont aussi plus exposées à des dérangemens, en quelque sorte nécessaires. Il peut même facilement arriver, que ceux qui préſident aujourd'hui à l'Opéra, n'ayent point ſaiſi les idées des inventeurs, de ces hommes vraiment de génie, qui avoient mis tant de ſoin à lier chaque partie, & à former un enſemble ſéducteur. Jettons un moment les yeux ſur l'état actuel de ce Spectacle.

Le choix du ſujet eſt preſque toujours vicieux, l'accord de la Muſique avec les paroles eſt négligé ; la vérité dans le Chant & dans la Déclamation eſt méconnue, la liaiſon des Ballets avec l'Action eſt abſurde, la décoration de la Scène eſt meſquine, & la conſtruction du Théâtre eſt irrégulière. Faut-il donc être ſurpris ſi ce Spectacle qui devroit être par lui-même le plus agréable de tous, devient le plus inſipide & le plus ennuyeux ? Il n'y reſte plus aucune ombre d'imitation. L'illuſion Théâtrale qui ne peut naître que d'une union parfaite entre toutes les parties, s'évanouit entiérement ; & l'Opéra, une des plus belles productions de l'eſprit humain, devient une composition languissante, invraisemblable, monstrueuse, grotesque, digne des qualifications odieuses qu'on lui prodigue, & de la critique de ceux qui persuadés que les plaisirs décens sont nécessaires dans toutes les Sociétés policées, n'en découvrent aucun vestige sur ce Théâtre.

On rendroit sans doute un service important au public, si l'on corrigeoit les abus qui se sont glissés dans l'Opéra, & si on le ramenoit à sa première & véritable forme. Mais quelque grande que soit la nécessité de s'attacher à un tel projet, il y a peut-être encore plus de difficulté à l'exécuter. Ce seroit peu de remédier à un inconvénient, s'il n'est pas possible de détruire les plus essentiels. A quoi serviroit, par exemple, que le Drame fût bien écrit, si la Musique n'est point adaptée aux paroles, ou si le Compositeur n'est pas secondé par les Acteurs ? Et qu'elles espérances flatteuses peut-on concevoir d'une Troupe où personne ne veut rester dans la place qui lui convient, où ceux qui devroient obéir sont précisément les mêmes qui dictent des loix, & qui commandent, où mille rufes, mille tracafferies, mille prétentions s'élevent parmi les Acteurs fur le nombre des Ariettes, fur la hauteur du panache, fur la queue du manteau ; difputes plus difficiles à terminer que n'eft le cérémonial dans un congrès de paix, & le droit de préféance parmi les Ambaffadeurs des différentes Couronnes ?

Il faudroit, avant tout, réformer des abus auffi crians ; établir des loix fages & permanentes ; mettre, s'il eft poffible, les différens membres de l'Opéra fous une autorité refpectable, & rendre fur-tout au Poëte, les droits dont il a été dépouillé très-injuftement. Mais quel eft le particulier affez généreux ou affez puiffant pour former une pareille entreprife ? Autrefois, lorfque les Republiques cherchoient par le moyen des Spectacles à porter le peuple à l'amour de la vertu, ou du moins à le divertir pour le repos de l'état, un

Edile ou un Archonte ne dédaignoient pas d'avoir l'inspection sur le Théâtre. Tout s'y faisoit avec ordre, avec grandeur, avec dignité. Maintenant il est abandonné à des Entrepreneurs qui n'ont en vue que leur intérêt personnel, & qui ne cherchent qu'à mettre à profit l'oisiveté ou la curiosité du petit nombre des citoyens qui fréquentent les Spectacles. D'ailleurs eussent-ils les intentions les plus pures, il ne leur est guère possible d'exécuter de grandes choses, par les égards & les ménagemens qu'ils sont obligés d'avoir pour une infinité de personnes.

Il n'y a qu'un Prince riche, ami des Arts, favorisé des Muses, qui puisse retablir l'Opéra, en le prenant sous sa protection particulière, & en le confiant à des administrateurs habiles & expérimentés. Alors on verra renaître parmi nous les merveilles qui parurent à Rome & à Athènes dans les siècles des Césars & des Périclès. Puisse ce temps arriver bien-tôt pour la gloire de l'Opéra ! que nous ferions heureux, si les idées que nous allons proposer étoient capables de contribuer un jour à son rétablissement! Tout ce que nous avons à dire en traitant les différentes parties qui constituent l'Opéra, est le résultat des meilleures observations des connoisseurs & des personnes éclairées. Nous ne sçaurions prendre de guides plus sûrs pour découvrir les défauts qui déparent l'Opéra, & pour indiquer la maniere de les corriger.

ESSAI SUR L'OPÉRA.

CHAPITRE PREMIER.

Du Sujet.

LA premiere chose qui se présente dans la forme de l'Opéra, c'est le Sujet, & c'est ce qui demande d'abord la plus sérieuse attention. Il est beaucoup plus nécessaire qu'on ne pense ordinairement, d'en sçavoir faire un choix heureux & conforme aux règles prescrites. C'est delà sur-tout que dépend le succès ou la chute de la repréſentation entière de l'Opéra: c'eſt le fondement de l'édifice: c'eſt la toile ſur laquelle eſt deſſiné le tableau qui eſt enſuite colorié par le Muſicien, & fini par les autres. Le Poëte doit diriger les Acteurs, les Danſeurs, les Peintres, les Machiniſtes. Il doit concevoir dans ſa tête l'enſemble du Drame, le diſpoſer avec intelligence, amener des incidens nouveaux, préparer des effets ſurprenans, employer à propos les ſecours que tous les Arts agréables viennent lui offrir en foule. Il doit lui ſeul faire jouer tous les reſſorts de la machine, & avoir ſoin qu'il en réſulte un tout parfait & harmonieux. Il doit, en un mot, être l'ame du Spectacle.

A la naiſſance de l'Opéra les Poëtes crurent que la meilleure ſource où ils pouvoient puiſer les ſujets de leurs pièces, étoit la Mithologie. Elle fournit ceux de Daphné, d'Euridice, d'Ariane, qui furent les premiers Drames mis en Muſique vers le commencement du ſiècle paſſé. Je ne parle pas de la fable d'Orphée, par Politien, qui fut accompagnée de Simphonie, ni de cette Fête mêlée de Ballets & de Muſique, faite autrefois pour un Duc de Milan à Tortone, par Bergonese Botta, ni d'une espèce de Drame fait à Venise pour Henri III, Roi de France, & qui fut mis en Musique par le fameux Zarlin, ni de quelques autres représentations qu'on doit seulement regarder comme l'ébauche & les premiers essais de l'Opéra.

L'intention de ces Poëtes fut de remettre sur le Théâtre moderne, la Tragédie grecque, d'y introduire Melpomène accompagnée de la Musique, de la Danse, & de toute cette pompe qui lui servoit de cortege dans les temps de Sophocle & d'Euripide. Mais afin que cette pompe fût comme naturelle à leurs compositions, ils se crurent obligés de remonter jusqu'aux temps Héroïques, c'est-à-dire jusqu'à la Mithologie. C'est elle, en effet, qui ramene au gré du Poëte toutes les divinités sur le Théâtre : elle transporte les spectateurs dans l'Olimpe, dans les Champs-Elisées, & dans le Tartare : elle rétablit les murailles célèbres d'Argos, de Thèbes & d'Athènes : elle rend vraisemblable, par l'intervention des Dieux, un évènement quelque merveilleux ou quelque étrange qu'il soit ; & élevant, en quelque sorte, tous les

Etres au-deſſus de la condition humaine, elle parvient à faire croire que le caractère des Interlocuteurs doit être eſſentiellement différent du nôtre.

Les Poëtes dont nous parlons, comprirent très-bien que des ſujets tirés de la Mithologie, devoient prêter à un Spectacle grand & magnifique. Les évènemens devoient s'y multiplier à l'infini, les intrigues s'y développer avec avantage, & les paſſions y produire les effets les plus étonnans (1). Auſſi leurs Drames, repréſentés dans les Cours des Princes, & dans les Palais des Grands, offroient tout ce que le ciel & la terre renferment de plus impoſant. Des Machines ſomptueuſes, des Chœurs nombreux, des Danſes variées, des Ballets mêlés avec le Chœur, des Décorations ſuperbes, une Muſique ſimple & noble en même-temps, un appareil pompeux, & un enſemble bien dirigé qui réuniſſoit toutes les parties pour n'en compoſer qu'une action grande & extraordinaire; toutes ces choſes flattoient les ſens, élevoient l'ame, enflammoient l'imagination; elles jettoient les Spectateurs dans une eſpèce d'ivreſſe & d'enchantement.

On peut reconnoître une assez vive image de ce genre de Spectacle dans l'Opéra qui existe encore en France, & qui y fut transplanté par le Cardinal Mazarin, tel qu'il étoit de son temps en Italie (2). Peut-être y a-t-il du ridicule, pour ne rien dire de plus, de voir dans les premières pièces qui furent représentées sur ce Théâtre, & qui le sont encore de temps en temps, de voir, dis-je, des Bouffons ou des Personnages très-subalternes à côté des Dieux & des Héros. Cet assemblage est-il raisonnable ? est-il dans la vraisemblance ? Et une plaisanterie déplacée ou une trivialité basse ne déparent-elles pas une action grave & majestueuse ?

L'Opéra ne fut pas long-temps renfermé dans les Cours des Princes & dans les Palais des Grands. On se hâta de le produire sur des Théâtres publics, où le plaisir de le voir & de l'entendre devoit s'acheter à prix d'argent. Il étoit bien naturel qu'il ne pût point se maintenir-là avec cet appareil, & cet éclat qu'il tiroit de son origine. Il fallut payer les Acteurs, & tous ceux qui par leurs soins & par leurs travaux contribuoient au soutien de ce Spectacle. Leurs rétributions étoient légères, il est vrai, dans les commencemens. Une Actrice fut surnommée la *Centoventi*, pour n'avoir eu que cent écus pendant tout un Carnaval. Mais bien-tôt ces rétributions montèrent à des prix excessifs. Alors on fut obligé de recourir à des moyens dictés par l'économie pour épargner d'un côté ce qu'il falloit dépenser de l'autre. De cette sorte l'Opéra descendu, pour ainsi dire, du ciel en terre, fut banni de la compagnie des Dieux parmi les hommes.

On abandonna les sujets de la Mithologie, & on se tourna vers ceux de l'Histoire, moins magnifiques de leur nature, & moins dispendieux. On crut pouvoir suppléer à la pompe & à la variété des Décorations qui avoient séduit jusqu'alors les Spectateurs, par une plus grande variété dans le Drame, par les richesses de la Poësie, & par les charmes d'une Musique plus recherchée. Le préjugé en faveur de ces changemens s'établit avec d'autant plus de facilité, que les connoisseurs remarquèrent dans la Poësie des nouveaux Drames, le bon goût formé sur celui des anciens, & que le public s'enthousiasma pour une Musique brillante, qui lui procuroit des sensations vives & agréables. On crut dès-lors être arrivé à la perfection. Il ne restoit dans la représentation des Opéra de ce nouveau genre, que l'inconvénient d'un Spectacle trop nu & trop uniforme. On tâcha d'y remédier en introduisant d'abord des Intermèdes, & ensuite des Ballets dans les Entr'actes, sans s'embarrasser, le plus souvent, de la liaison qu'ils devoient avoir avec le sujet de la Piece. On ne chercha qu'à mettre devant les yeux du public indulgent, des objets quelconques, mais qui pussent l'amuser. Enfin, l'Opéra parvint peu-à-peu à prendre la forme où nous le voyons aujourd'hui.

Il sembleroit par tout ce que nous venons de dire, que nous donnons la préférence aux sujets tirés de la Mithologie sur ceux qui sont pris dans l'Histoire. Les uns & les autres offrent cependant de grands inconvéniens; & d'abord les sujets de la Mithologie doivent presque toujours embarrasser un Poëte. On sçait qu'il est obligé de circonscrire l'action qu'il traite dans un temps déterminé pour la rendre sensible, vraisemblable, une, simple & intelligible. Comment pourra-t-il, à cause du grand nombre des préparatifs &

des machines qui font néceſſaires, tracer un plan juſte, mettre la Fable dans une étendue raiſonnable, repréſenter les caractères, & développer les paſſions de chaque perſonnage? Tel eſt pourtant le but eſſentiel de l'Opéra, qui ne devroit être qu'une Tragédie en muſique, avec la ſeule différence que les délibérations politiques, les maximes ſententieuſes, les longs récits, les expoſitions, en un mot, tout ce qui ne parle qu'à la raiſon devroit en être banni rigoureuſement. Auſſi la plus grande partie des Opéra François & Italiens, qui ont été compoſés dans les premiers temps, paroiſſent-ils faits ſeulement pour les yeux, & reſſemblent-ils plutôt à une Maſcarade belle, ſi l'on veut, qu'à un Drame en règle. L'action principale y eſt étouffée par les acceſſoires, & la partie Poëtique en eſt ſi foible & ſi languiſſante, qu'on prendroit aiſément ces pièces pour autant de fades Madrigaux couſus les uns aux autres.

D'un autre côté, les ſujets Hiſtoriques ſemblent ne pas s'accorder avec la Muſique. Elle y eſt déplacée en quelque ſorte. En vain, tâcheroit-on de perſuader que les cadences d'une Ariette légère & ſautillante, ſoient

auſſi-bien dans la bouche des Jules-Céfar & de Caton, que dans celle d'Apollon & de Vénus ? On eft toujours un peu choqué de cette invraifemblance. D'ailleurs ces fujets ne prêtent pas à beaucoup de variété ; ils péchent pour l'ordinaire par trop de févérité & de monotonie. Le Théâtre refte prefque toujours vuide, à moins qu'on ne veuille mettre au nombre des Acteurs, tous ces perfonnages inutiles qui ne manquent jamais d'être à côté des Rois & de les accompagner partout, fous le nom de confidens, de grands Officiers, de Soldats & de Serviteurs fidèles. Il eft encore bien plus difficile de lier les Ballets avec le fujet de la Pièce. Ils doivent cependant faire unité avec le Drame, être des parties intégrantes du tout, comme les ornemens dans les bâtimens réguliers, qui ne fervent pas moins à les décorer, qu'à les foutenir ; & tel eft dans le Théâtre de l'Opéra François, le Ballet des Bergers, qui célèbrent les nôces de Médor & d'Angélique, & qui inftruifent par les figures de leur danfe, Rolland de fon infortune.

Dans les Opéra dont nous parlons, on ne remarque point cette liaifon fi néceffaire. La

B

Danſe y eſt un hors-d'œuvre : elle n'exprime rien, ou preſque rien. Car peu importe, par exemple, que dans un ſujet tiré de l'Hiſtoire Grecque ou Romaine, les Danſeurs conſervent le coſtume des habillemens de ces deux Nations. Si le Ballet ne fait point partie de l'action principale, c'eſt produire un Spectacle vain & ridicule aux yeux des connoiſſeurs. Nous pouvons donc conclure que les ſujets Hiſtoriques ſont le plus ſouvent ſtériles, froids & languiſſans, que les incidens ſont factices & découſus, que tout y eſt forcé ou à contreſens, & qu'ils ſont enfin très-peu propres à former un Spectacle magnifique & impoſant, tel que doit être celui de l'Opéra (3).

Un Poëte ne pourra éviter les défauts dont nous venons de parler, qu'en faiſant le choix du ſujet avec le plus grand diſcernement. Il ne doit pas perdre de vue que le but & la fin qu'il ſe propoſe eſt de charmer les yeux & les oreilles, d'exciter le ſentiment, & de toucher le cœur, ſans bleſſer toutefois la vraiſemblance, & encore moins la Raiſon. Nous lui conſeillerons donc de choiſir un évènement arrivé dans des temps ou dans des pays fort éloignés du nôtre, qui foit fufceptible de beaucoup de merveilleux (4), mais qui foit en même temps fimple & bien connu du public.

Voici les raifons qui nous portent à croire qu'un pareil fujet mérite la préférence fur tous les autres. Si l'action eft prife dans l'antiquité ou dans les pays lointains, elle paroîtra moins invraifemblable : on ne fera pas furpris d'entendre les Perfonnages parler en mufique, de les voir marcher en cadence : on croira le chant & la danfe conformes à leurs mœurs & à leurs ufages. L'effet Théâtral deviendra naturel, & l'illufion fauvera tous les défauts que la raifon pourroit condamner.

Si l'action prête au merveilleux, le Poëte trouvera facilement l'occafion de placer les Ballets & les Chœurs, & d'introduire toutes les différentes fortes de Décorations qu'il jugera les plus convenables.

Nous difons enfin, que fi l'Action eft fimple, & connue, on n'aura pas befoin de longs préambules pour faire entendre aux Spectateurs qui font les perfonnages, & on ne perdra pas un temps précieux, qui dans l'Opéra ne doit être employé qu'en Spectacle & à faire jouer les paffions.

La Didon & l'Achille en Sciro, du célèbre Métastasio (5), sont assez dans les règles que nous venons d'exposer. Les sujets en sont simples, faciles, connus, tirés de la plus haute antiquité. Au milieu des Scènes les plus passionnées on voit des festins splendides, des Ambassades magnifiques, des Embarquemens, des Chœurs, des Combats, des Incendies. C'est-là que l'Opéra paroit dans tout son triomphe.

Le sujet de Montezuma seroit encore bien susceptible de toutes les beautés & de toute la perfection qu'on peut exiger dans un Drame Lyrique. Le merveilleux y frapperoit autant que la nouveauté de l'action. Les coutumes des Mexicains & des Espagnols se voyant pour la première fois, y feroient un beau contraste, & on auroit occasion d'y déployer tout ce que l'Amérique renfermoit alors de grand & d'extraordinaire, & de le mettre en opposition avec le luxe & la magnificence de l'Europe (a).

(a) Montezuma fut pris pour sujet d'un Opéra représenté avec beaucoup de magnificence sur le Théâtre Royal de Berlin. (*Note de l'Auteur*).

L'Ariofte & le Taffe peuvent fournir beaucoup de fujets de cette efpèce, qui conviendroient très-bien au Théâtre de l'Opéra. La variété des Perfonnages, la force des paffions, les preftiges de la magie y produiroient le plus grand effet. Qu'on en juge par le fuccès conftamment foutenu en France des Opéra d'Armide, d'Amadis & de Rolland; chefs-d'œuvres uniques qui réuniffent tout ce qui peut fervir à former un Spectacle enchanteur, & qui doivent fervir de modèle à tous ceux qui veulent courir la carrière du Théâtre Lyrique.

Tels feroient encore les fujets d'Enée à Troye, & d'Iphigénie en Aulide, qui préfentent un Champ vafte à l'imagination d'un Auteur, & dans lefquels il pourroit faire entrer des refforts merveilleux revêtus du coloris féduifant d'Euripide, de Virgile & de Racine, qui les ont déja traités. Enfin, il n'eft pas difficile d'en trouver d'autres qui poffédent les qualités que nous demandons. Il ne s'agit peut-être que de rapprocher ce que les Connoiffeurs ont eftimé de bon dans les fujets de la Mithologie, d'avec ce qu'ils ont approuvé dans ceux de l'Hiftoire, & de rejetter abfolument ce qu'ils ont trouvé de répréhenfible dans les uns & les autres. Par ce moyen on peut fe flatter de rétablir l'Opéra; & femblable aux états politiques qui pour fe maintenir dans la profpérité doivent être ramenés de temps en temps au principe de leur conftitution, ce Spectacle fera ramené à fa première forme, qui peut devenir même plus avantageufe.

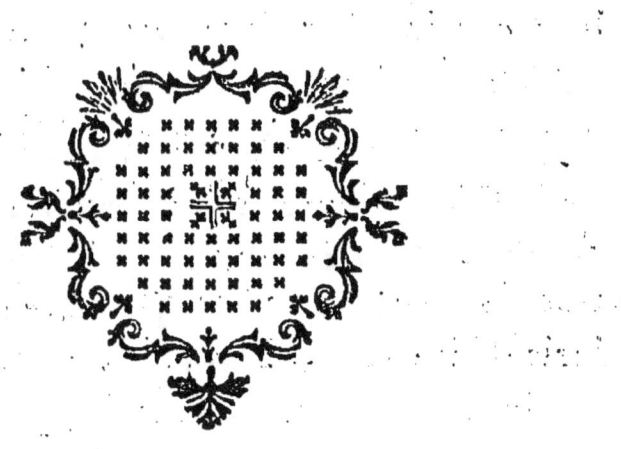

CHAPITRE II.

De la Musique.

S'IL est quelqu'un des beaux Arts dont il faille désirer aujourd'hui le rétablissement, c'est sans doute la Musique ; tant elle a dégénéré de son ancienne origine. On a mis à part toute idée de décence, de sentiment, de beau simple & naturel : on a franchi toutes les bornes qui lui sont prescrites, & on l'a chargée de toute espèce de bizarrerie, d'affectation & de vains ornemens. Ce seroit peut-être le cas de renouveller actuellement la punition sévère que les Lacédémoniens infligèrent à celui qui par un amour démesuré de la nouveauté, dénatura la Musique, & substitua à ses beautés mâles & nobles, des sons mous, tendres & licentieux. Les modernes sont trop épris des charmes de la nouveauté ; quoiqu'elle soit la cause en partie des progrès que la Musique a faits depuis quelque temps, elle a aussi donné naissance aux défauts sensibles qui la déparent, & qui méritent les justes plaintes des Amateurs.

Tant que les Arts sont encore foibles, & dans l'enfance, pour ainsi dire, l'esprit de curiosité, d'inquiétude de la part des Artistes, & le goût de la nouveauté ne peuvent servir qu'à les développer : c'est le souffle créateur qui les soutient d'abord dans leur marche incertaine, & qui leur donne bientôt l'accroissement, la vigueur & la perfection. Mais arrivés à ce dernier période, le même principe qui leur avoit donné la vie leur donne la mort. On n'a qu'à jetter les yeux sur toutes les nations où les Arts ont brillé pour se convaincre de cette vérité trop réelle, & la Musique de nos jours peut en servir d'exemple frappant.

Ressuscitée en Italie dans les temps les plus barbares, elle se répandit incontinent après dans toute l'Europe, & elle fut même cultivée par certains Peuples avec un tel succès qu'ils l'emportoient sur les Italiens mêmes. Mais revenüe ensuite, & fixée dans son pays natal, à Venise, à Rome, à Bologne & à Naples, elle y fit de si grands progrès pendant les deux derniers siècles que les Etrangers étoient obligés de venir l'apprendre dans ces écoles. Il en seroit de même encore, si la fureur d'innover n'avoit pas été poussée trop loin.

On diroit que la Musique ne fait que de naître parmi nous. On ne cesse de vouloir l'embellir, d'y ajouter tous les jours de nouveaux ornemens, d'imaginer de nouvelles fantaisies, de créer de nouveaux systêmes ; & l'on ne songe pas que c'est étouffer ses graces naturelles sous ce faste, sous ces pompons, sous cette parure dictée par le faux goût & par la satiété. Tel est l'effet du luxe ; il émousse la sensibilité qui ne peut être réveillée que par des traits variés sans cesse, rapides, animés, jettés en grande masse, & plus ils s'éloignent de la nature dont les impressions sont douces & tranquilles, & plus ils agissent dans le moment sur des ames flétries qui courent cependant avec transport au-devant du plaisir qui les fuit toujours. De là vient sans doute qu'on change continuellement de pensée & de volonté. On rejette aujourd'hui avec dédain ce que l'on recherchoit hier avec ardeur. Tel air qui enchantoit, qui transportoit, il y a peu temps, donne présentement du dégoût.

Ce n'est pas qu'il ne soit peut-être agréable; mais ou il a vielli, ou il a passé de mode; & ce même esprit de caprice & de vertige qui s'est introduit dans les habillemens & les coëffures dont le goût change continuellement, on le transporte dans le domaine de la nature toujours sage, toujours immuable, & on l'employe dans des compositions qui sont faites pour la suivre & pour l'exprimer.

(6) Il est encore une autre cause de la décadence actuelle de la Musique. C'est l'empire absolu qu'elle a usurpé, & les droits exclusifs qu'elle s'est appropriés. Le Compositeur agit despotiquement: il ne veut se conduire que par lui-même, & plaire uniquement en qualité de Musicien. Rien ne seroit capable de lui faire comprendre qu'il doit être subordonné au Poëte, & que la Musique n'a de charmes qu'autant qu'elle rend ceux de la Poësie. Il faudroit cependant qu'il fût bien convaincu, pour son propre avantage, qu'il doit seulement disposer le cœur à recevoir les impressions des vers, qu'il n'est obligé que de donner une touche plus vigoureuse aux passions que le Poëte a déja fait naître, & qu'en un

mot, son devoir consiste à prêter plus de force & d'énergie au langage des Muses (a).

Depuis long-temps on a fait de l'Opéra une critique que bien des personnes ont trouvé raisonnable, & qui nous paroit cependant bien injuste. On a dit qu'il étoit contre tou-

---

(a) Si la Peinture est inférieure à la Poësie, la Musique considérée comme un Art imitatif est de beaucoup inférieure à la Peinture. Car comme la Musique ne peut expliquer les motifs de ses différentes impressions, les imitations qu'elle fait des caractères & des passions, doivent être extrêmement vagues & incertaines; par exemple, les tons doux & tendres qui peuvent être les expressions de l'amour, doivent être également à l'unisson avec les coupes collatérales de la bienveillance, de l'amitié, de la pitié, &c. Delà vient qu'on ne peut pas distinguer les mouvemens rapides de ceux de la terreur, l'égarement & les autres agitations de l'ame. Mais la Poësie coopère avec la Musique, & spécifie le motif de chaque impression particulière ; de sorte que nous dinstinguons clairement & la grâce du sujet & l'idée qu'il présente. Par-là les impressions générales deviennent des indications spécifiques des caractères & des passions.
Remarques sur les beautés de la Poësie par Monsieur Daniel Webb, Ecuyer, pag. 102. (*Note de l'Auteur, traduite de l'Anglois*).

tes les régles de la vraisemblance, & ridicule même, que les Héros allassent à la mort en chantant. Nous conviendrons de la vérité de ces reproches, s'il n'existe pas entre les paroles & le chant, cet ensemble qui est si nécessaire; si des cadences recherchées, des points d'orgue multipliés, du brillant, du joli se trouvent là où les passions devroient parler. Mais si la Musique a le stile qui lui convient, quelle inconséquence y a-t-il qu'on meure plutôt en chantant qu'en récitant des vers? Personne n'est choqué d'entendre un Héros plaindre sa malheureuse destinée, ou braver généreusement la mort dans un langage noble, mesuré & bien éloigné des façons de parler ordinaires. On ne peut même se défendre de pitié à son égard, & de verser des pleurs sur sa fin tragique.

Anciennement les Poëtes étoient Musiciens (7). Alors la Musique étoit ce qu'elle doit être selon sa véritable institution, une expression plus forte, plus vive, plus pittoresque des pensées & des sentimens de l'ame. Si maintenant elle ne jouit pas des mêmes prérogatives, n'en accusons que nos procédés déraisonnables. La Poësie & la Musique sont deux sœurs jumelles qui veulent toujours habiter ensemble. On les a séparées. Quelle merveille y a-t-il, si l'une ayant dessiné le tableau que l'autre doit colorier, les couleurs quelques belles qu'elles soient sont pourtant infidèles ? Il n'est qu'un seul moyen de remédier à cet inconvénient, source inévitable de plusieurs autres, c'est que le Compositeur ait un peu plus de considération pour le Poëte, qu'il veuille bien apprendre de lui-même ses intentions, s'accorder avec lui avant que de travailler à la Musique, le consulter sur les morceaux qu'il aura finis, les faire exécuter en sa présence pour sçavoir s'il est content des effets qu'ils produisent, avoir enfin pour lui la déférence que Lulli avoit pour Quinaut, le Vinci pour Métastasio, & telle que la prescrit la raison & la discipline du Théâtre.

Mais enfin, quelle est cette Musique, que l'on critique avec tant d'amertume ? Quels sont les défauts si révoltans que l'on y remarque ?...... Afin de mettre plus de clarté dans ce que nous avons à dire, procédons par ordre, & voyons les différens usages que l'on fait de la Musique dans l'Opéra.

La premiere chose qui frappe l'oreille de

l'Auditeur, c'est l'ouverture ; c'est ce premier coup d'archet attendu avec tant d'impatience, écouté si attentivement, & applaudi pour l'ordinaire, on ne sçait trop pourquoi. C'est-là que la Simphonie est mise dans tout son appareil, & qu'elle aspire à des triomphes assurés. Elle est toujours extrêmement bruyante. Tous les instrumens se réunissent pour remplir l'oreille des sons les plus forts, les plus vifs, les plus perçans, & quelquefois les plus rudes. Elle observe constamment les mêmes rapports dans tous les sujets & dans toutes les circonstances. Accompagnée fidèlement de deux Allegro & d'un Andante, elle marche d'un pas & d'un mode toujours égal. Quelle différence cependant ne devroit-il pas y avoir entre telle Simphonie & telle autre ? Entre celle, par exemple, qui précède la mort de Didon, & celle qui précède les noces de Démétrius & de Cléonice (8) ?

Sa fin principale est d'annoncer l'action qui va arriver, & de préparer l'Auditeur à recevoir les impressions de sentiment qui doivent résulter de tout le Spectacle. Elle doit donc être semblable à l'Exorde d'un discours dans lequel il faut que l'Orateur prenne un point d'appui ferme, & qu'il développe son plan avec justesse. Mais on ne considere aujourd'hui la Simphonie que comme une chose détachée du tout, & différente de la piece, comme une espèce de cri & de bruit retentissant, dont on ne connoit ni les motifs, ni le but, si ce n'est peut-être de fatiguer l'Auditeur, & de lui faire éprouver par avance du dégoût pour tout le reste de la Musique. Il est bien peu de Compositeurs qui aient une véritable idée de l'ouverture d'une piece, ou s'il s'en trouve encore quelques-uns qui la regardent comme un début & une exposition du sujet, on peut dire avec raison qu'elle ressemble aux Exordes de certains Orateurs, qui par de grandes phrases tournent sans cesse sur l'importance de la matière qu'ils ont à traiter, & qui par-là prouvent la petitesse réelle de leur esprit. Car ces exordes pourroient s'appliquer à toutes sortes de sujets, & aller également bien au-devant de quelque discours que ce fût.

Enfin, la toile se leve. Les Acteurs s'avancent sur le Théâtre. C'est ici que le récitatif commence. Nous ne craignons pas de dire que c'est la partie la plus négligée de l'Opéra.

Il paroit actuellement plus que jamais, que les Compositeurs ne font pas grand cas des récitatifs, qu'ils les regardent comme très-peu propres à causer du plaisir, & qu'en conséquence ils ne daignent pas les travailler (9).

Les anciens Compositeurs en ont jugé bien différemment. Il ne faut pour s'en convaincre que voir tout ce que Jacques Péri, qu'on peut avec raison appeller l'inventeur du récitatif, en a écrit dans la Préface de l'Euridice. Appliqué à chercher l'imitation Musicale qui convient aux Poëmes Lyriques, il tâcha de découvrir celle dont les Grecs se servoient eux-mêmes. Il observa les tons qu'on prenoit en parlant, les différentes inflexions de la voix, celles qui étoient rudes, agréables, forcées, naturelles; ou ce qui revient au même, il distingua les sons qui sont capables d'intonation, d'avec ceux qui ne le sont pas. Il examina dans le plus grand détail, quels modes & quels accens on employoit dans la douleur, dans la joie, dans toutes les affections qui ont de l'empire sur les hommes, afin de faire agir la basse dans ces crises violentes de l'ame, tantôt plus & tantôt moins. Il n'oublia pas de consulter par-

ticulierement

ticulierement le caractère de la langue, &
l'oreille de plusieurs personnes très-exercées
dans la Poësie & dans la Musique. Il con-
clut enfin, que le fondement d'une telle imitation devoit être une harmonie qui suivît pas
à pas la nature, un chant mitoyen entre le
langage ordinaire & la mélodie, un système
tempéré entre le mouvement de la voix chantante que les anciens appelloient, dit - il,
Diastématique, c'est-à-dire qui marche par
intervalles déterminés, & le système de la
voix parlante qu'ils appelloient mouvement
continu, c'est-à-dire qui ne se fixe qu'au moment qu'on se tait.

Telles étoient les observations sçavantes
& lumineuses de nos premiers Compositeurs.
L'effet prouvoit bien qu'ils ne s'égaroient
point dans de vaines subtilités. Le récitatif
étoit varié. Il prenoit la forme & le caractère des paroles. Tantôt il alloit avec une rapidité égale au discours : tantôt il alloit avec
la lenteur qui lui convenoit. Il faisoit sur-
tout ressortir ces modulations & ces éclats
que la violence des passions grave dans l'expression. L'oreille avoit alors un plaisir réel
qui passoit jusques dans le sentiment, & plu-

sieurs personnes se souviennent encore comment certains morceaux d'un simple récitatif excitoient des transports que les plus belles Ariettes de nos jours n'ont jamais pu obtenir (10).

Il faut cependant avouer que le récitatif produit encore des sensations agréables, lorsqu'il est *obligé*, & qu'il est accompagné d'instrumens. Peut-être seroit-il à désirer qu'un pareil usage devînt plus commun qu'il ne l'est. Quelle chaleur & quelle vie ne reçoit pas en effet le récitatif, si lorsque la passion s'échauffe, l'Orchestre se renforce, & si toutes sortes de moyens viennent assaillir en même-temps le cœur & l'imagination ? il suffit de citer la plus grande partie du dernier Acte de la Didon de Vinci, qui est travaillée sur ce modèle. Il est à présumer que Virgile lui-même en auroit été enchanté, tant elle est animée & terrible.

Mais ce ne seroit pas le seul avantage que l'on trouveroit dans la méthode que nous proposons. Il n'y auroit plus dès-lors une si grande disproportion entre la forme des airs & celle du récitatif, il en résulteroit un plus grand accord entre les différentes parties de l'Opéra. Car il n'est pas possible que les connoisseurs ne soient choqués du passage subit d'un récitatif lent & uni à une Ariette légère & extrêmement composée. Cette transition n'est-elle pas aussi ridicule que si quelqu'un en se promenant gravement venoit tout-à-coup à faire des sauts & des gambades?

Il est vrai que le parti le plus sage seroit de moins charger & de moins travailler les airs qu'on ne fait aujourd'hui. Quoique dans tous les temps ils ayent été la partie brillante de la Musique qui ait le plus reveillé; cependant à mesure que cet Art s'est plus raffiné, ils ont aussi reçu insensiblement de plus grands ornemens (11). On ne craint pas d'assurer qu'ils étoient nuds en comparaison de ce qu'ils sont présentement, & que même dans les commencemens ils étoient d'une très-grande simplicité. Ils ne faisoient que s'élever par la mélodie & par l'accompagnement un peu plus haut que le récitatif.

Le vieux Scarlatti fut le premier qui leur donna plus de corps & plus d'énergie. Il les enrichit sur-tout en les revêtant de beaux accompagnemens qu'il rendit plus nombreux, mais qu'il ménagea encore avec sobriété. Ils étoient faciles, gracieux, découverts, d'une touche large & sans travail recherché. Il crut être obligé en cela d'avoir égard, & à la grandeur du Théâtre, où les délicatesses de l'Art Musical se perdent dans le lointain, & aux voix elles-mêmes qui ne doivent trouver dans l'accompagnement qu'un moyen de plus pour paroître avec avantage.

Depuis ce Scarlatti jusqu'à nos jours quels changemens ne se sont pas introduits? Les airs sont actuellement défigurés par un tas énorme d'ornemens inutiles; on n'y met plus de bornes, & l'on diroit que les Compositeurs animés par une émulation forcenée, ne cherchent à se surpasser mutuellement que pour se livrer à des écarts bisarres, extravagans & incroyables.

On commence par faire les ritournelles qui précédent les airs extrêmement longues, & pour l'ordinaire elles le sont trop. Dans les airs de colère, par exemple, est-il bien naturel qu'un homme agité de cette passion attende les bras croisés que la ritournelle soit finie pour donner l'essort aux accès qui bouillonnent dans son cœur? Mais enfin lors qu'après la ritournelle, la voix de l'Acteur ou de l'Actrice se déploye, à quoi sert le grand nombre des violons qui l'accompagnent, si non le plus souvent à la couvrir & à l'étouffer ? Pourquoi ne pas faire travailler davantage les basses ? Pourquoi ne pas diminuer, au lieu d'augmenter comme on fait, la quantité des violons, qui sont dans la Musique ce que sont les ombres dans la Peinture ? Pourquoi ne pas renvoyer les luths & les harpes dont les pincemens ont je ne sçai quoi de rude & de désagréable ? Pourquoi ne pas remettre à leur place les basses de viole établies autrefois pour faire la partie mitoyenne entre les violons & les basses d'où résultoit une harmonie charmante ?

Une des découvertes dont les Musiciens modernes croyent pouvoir le plus s'énorgueillir, dont ils se servent avec le plus de plaisir sur le Théâtre, & qui reçoit le plus d'applaudissemens; c'est de faire aller ensemble dans un air une voix & un haut-bois, une voix & un cor de chasse ou une flûte, & de leur ménager à différentes prises & reprises un combat sans fin, & un duel à toute outrance. S'il étoit permis de s'élever sans témérité contre un des raffinemens de l'Art les plus chéris, nous dirions que ces sortes d'assauts sont du goût le plus faux & le plus absurde, & qu'ils doivent nécessairement déplaire à un connoisseur qui ne cherche dans la Musique que l'imitation de la belle nature.

Ne vaudroit-il pas mieux faire accompagner les airs par des instrumens analogues au ton qui y domine, & peut-être même par l'orgue dans certaines occasions, comme c'étoit autrefois la coutume (*a*) ? La seule précaution qu'il y auroit à prendre, seroit d'adapter la qualité des instrumens au caractère des paroles, & de les faire jouer dans les momens où l'expression des passions l'exigeroit. Par-là rien ne couvriroit la voix de l'Acteur; le sentiment de l'air seroit développé ; & l'accompagnement seroit semblable au nombre dans la belle prose, qui, selon le sentiment d'un homme d'esprit, doit être comme les coups des forgerons où se trouvent l'harmonie & le travail en même-temps.

Mais quelques grands que soient ces dé-

––––––––––––––––––––––––––––––

(*a*) On voit une orgue dans l'Orchestre du Théâtre qui se trouve à la belle maison de Campagne de Cattajo. (*Note de l'Auteur*).

fauts, il en est d'autres qui regardent la composition des airs eux-mêmes, & qui sont beaucoup plus répréhensibles. Il est nécessaire de remonter plus haut pour découvrir l'origine du mal. Les personnes habiles sont assez fondées à soutenir qu'il a sa source dans l'invention & dans la conduite de l'air. On néglige de rendre la mélodie naturelle, & de la faire répondre au sentiment des paroles qu'elle doit orner. On tourne & on retourne sans cesse sur le même objet. Mais ces répétitions infinies, ces variétés pourtant uniformes, ces périphrases Musicales n'aboutissent jamais à un centre commun, & au même point d'unité. On s'embarrasse peu de remuer le cœur, ou d'échauffer l'imagination des Spectateurs : on se contente de flatter leurs oreilles, de les surprendre, de les remplir de sons agréables, fussent-ils d'ailleurs éloignés de la nature du sujet. Voilà le but unique que se proposent la plupart des Compositeurs. Dans ce dessein ils méprisent les règles, ils prodiguent les passages, ils répètent les paroles sans fin, ils les transportent, ils coupent leur sens grammatical, ils les entremêlent à leur fantaisie. Tels sont les principaux moyens qu'ils mettent en œuvre.

Mais d'abord, il est assez dangereux de sortir des règles prescrites. La mélodie est comme la vertu, qui consiste dans un point de perfection hors duquel le trop & le trop peu viennent échouer. Il n'appartient qu'au génie seul de se permettre des licences, & d'en faire naître des beautés inattendues. Un Rameau, un Tartini, peuvent employer les dissonances pour en tirer les accords les plus harmonieux, & déployer toutes les ressources de l'art, fondées sur une théorie sçavante. Mais qui oseroit se flatter d'égaler ces deux grands maîtres ?

En second lieu, les passages ne devroient avoir lieu que dans les traits propres à peindre la passion ou à répandre de l'intérêt dans le chant. La saine raison prescrit cette règle essentielle. Autrement ils ne servent, à proprement parler, qu'à couper la suite de l'harmonie, de même que si l'on s'arrêtoit au milieu d'une phrase pour former une longue paranthèse qui ne signifieroit rien.

Enfin, si ces répétitions & ces rencontres de paroles bouleversées dont on a restraint l'usage seul à la Musique, ne forment pas de fens complet, nous difons qu'elles font absolument contraires à la vraifemblance. Les paroles ne doivent fe répéter qu'avec cet ordre que la raifon dicte, & qu'après que le fens entier de l'air eft fini. Il ne faudroit pas même recommencer, le plus fouvent, la premiere partie. C'eft une invention des modernes qui ne convient point à la marche naturelle du difcours & de la paffion qui ne fe replient pas fur eux-mêmes, & qui ne reviennent pas du plus au moins.

Ce n'eft pas cependant que chaque Compofiteur ne fe tourmente pour mettre dans les airs & dans toute la Mufique de l'agrément & de la variété. Mais comment s'y prend-il ? Si par exemple, dans le moment d'un air vif & animé, un père ou un fils fe parlent mutuellement, il ne manque jamais de retenir les notes, de leur donner le plus de douceur qu'il peut, & de rallentir tout d'un coup la rapidité de la Mufique.

Mais quel eft en cela votre deffein, lui dirai-je ? De donner aux paroles le fentiment qui leur eft propre, me répondra-t-il, & de mettre de l'intérêt dans ma compofition. Et moi je vous déclare que vous la gârez par des contradictions manifestes. Où avez-vous pris que vous êtes obligé de rendre en détail le sens de chaque parole ? Ne devez-vous pas plutôt faire attention à la signification générale de l'objet que vous représentez, & à l'ensemble qui doit en résulter dans l'esprit des Auditeurs ? Tâchés de mettre de la variété dans votre style Musical ; c'est une loi dont vous ne pouvez vous exempter. Mais sçachez que cette variété provient des différentes modifications du même sujet, & non des traits qui s'appliquent à chacune de ses parties, sur-tout lorsqu'ils sont incompatibles, étrangers, ou mal amenés.

Il semble que les Compositeurs modernes agissent comme ces écrivains qui ne faisant nulle attention à la suite & à l'ordre du discours, s'appliquent seulement à mettre ensemble & à enfiler de beaux mots. Un pareil discours, quelque harmonieux qu'il puisse être, est très-certainement ridicule, inepte, vuide de sens & de raison (a); il en est de même

---

(a) Tout le monde sçait le bon mot de Fontenelle, *Sonate que me veux-tu ?* Mais il n'auroit pas ainsi

de la Musique : si elle ne peint point une image, si elle n'exprime point un sentiment, elle est vaine & absurde. On pourroit avoir mis, si l'on veut, un art infini dans le choix des combinaisons Musicales ; si elle ne dit rien, elle sera condamnée après quelques applaudissemens passagers à un oubli éternel ; tandis que tout le monde retient ces airs pleins de vie & de sentiment, ceux qu'on appelle parlans, & qui sont les plus naturels. En effet, la belle simplicité, qui seule a le droit d'imiter la nature, est & doit être toujours préférée aux apprêts de l'Art & aux caprices de la Mode.

La Poësie & la Musique qui devroient être si étroitement unies, marchent présentement

---

parlé de celles de l'incomparable Tartini, où la plus grande variété est réunie avec l'unité la plus parfaite. Avant que de se mettre à composer, il a coutume de lire une pièce de vers de Pétrarque, avec laquelle il sympathise beaucoup pour la finesse du sentiment; & cela pour avoir toujours présent un objet déterminé à peindre avec les différentes modifications qui l'accompagnent, & pour ne perdre jamais de vue le motif & le sujet. Tartini est mort depuis la publication de cet Essai. (*Note de l'Auteur*).

d'un pas tout-à-fait inégal & oppofé. Dans le fiècle paffé la Mufique étoit bien éloignée de ces afféteries, de ces fubtilités, de ces mignardifes, de ces ornemens dont on en a fait aujourd'hui le mérite principal. Elle entroit dans le cœur & le fubjuguoit; elle s'incorporoit, pour ainfi dire, avec les paroles, & n'étoit peut-être que trop exacte à s'y conformer; fimple enfin, touchante & naturelle, elle étoit digne de plaire à des ames fenfibles que le faux goût n'a pas encore perverti.

La Poëfie, au contraire, étoit alors monftrueufe, pleine de concettis, d'hyperboles, de pointes, d'allufions recherchées, de penfées ridicules, de fentimens exagérés, & de fades madrigaux qui tiroient leur origine d'une galanterie Romanefque. Mais fitôt que la Poëfie fe mit dans la bonne route, la Mufique s'en écarta. Le Cefti & le Cariffimi furent condamnés à mettre en Mufique des paroles pitoyables, eux qui étoient dignes de mettre en note les foupirs de Pétrarque; & maintenant les Poëmes gracieux & naturels de Métaftafio, font affez fouvent livrés à des Compofiteurs qui les défigurent (12).

Il y auroit cependant de l'injuftice de notre part, si nous refusions à certaines pièces de Musique moderne des qualités qui s'y trouvent réellement. Il ne faut qu'examiner plusieurs Intermèdes & plusieurs Opéra-Comiques pour y reconnoître de grandes images de vérité. C'est-là sur-tout que l'expression Musicale se fait sentir, & qu'elle domine beaucoup plus que dans quelque genre de composition que ce soit. Peut-être en faut-il chercher la raison dans la nature même de ces sortes de Spectacles. Les Chanteurs étant, pour l'ordinaire, assez médiocres, les Compositeurs ne peuvent pas étaler à leur gré tous les secrets de l'Art, & toutes leurs ressources merveilleuses. Ils sont obligés de s'en tenir au simple, & d'imiter la nature.

Mais sans s'égarer dans des discussions qui peuvent être vraies ou hazardées, il est certain que cette Musique a la vogue, qu'elle plaît, qu'elle réussit, quoiqu'elle soit regardée comme vulgaire, & qu'elle ne renferme pas tous les trésors de la science. Elle a même occasionné la révolution arrivée en France, ce pays charmant rival de l'Italie dans tous les Arts.

Depuis long-temps, il y avoit une guerre

vive entre les deux Nations, au sujet de la Musique. Il n'étoit pas possible de faire goûter à des oreilles Françoises, la mélodie qui venoit d'au-delà des Alpes, & on la rejettoit, comme on avoit autrefois abhorré la Régence ultramontaine. Mais on entendit la Servante-Maîtresse. Une harmonie charmante, un style naturel & élégant, des Duo gracieux, des airs expressifs enlevèrent aussi-tôt tous les suffrages, & le plus grand nombre des François prit parti en faveur de la Musique Italienne. Ainsi ce changement que n'avoient pû opérer à Paris, pendant de très-longues années, tant de compositions si travaillées, tant de passages, tant de roulades, tant de virtuoses, un simple Intermède & deux Bouffons le produisirent sur le champ.

Ce n'est pas seulement dans les Opéra-Comiques qu'on trouve de la bonne Musique, on en entend encore quelquefois dans les Opéra sérieux : & combien n'est-elle pas touchante, sublime, divine même dans Pergolhèse & dans Vinci, enlevés par la mort de trop bonne heure, dans Galuppi, Jomelli & Saffoné, qui ne pouvoient jamais trop vivre? Ce seroit des Artistes de ce mérite qui devroient être chargés de composer la Musique telle que nous la désirerions dans nos Opéra. Affranchis du joug de certains vieux préjugés, comme on peut le remarquer dans quelques-unes de leurs pièces, & particulierement dans l'Andromaque de Jomelli, il leur seroit moins difficile qu'aux autres d'entrer dans nos idées, de seconder toujours & d'embellir même la nature. Ils feroient triompher les charmes des modulations harmonieuses dans toute la suite des Récitatifs, des Airs, des Chœurs mêmes qui sont la partie la plus foible de nos Opéra, & dans lesquels ils sçauroient employer le Contrepoint avec modération.

En effet, c'est le sentiment des maîtres de l'Art les plus habiles, que le Contrepoint, c'est-à-dire, l'harmonie simultanée des différentes parties, peut bien produire de certains accords qui donnent tant de grace & de majesté à la Musique d'Eglise, mais qu'il n'est point du tout propre à réveiller les passions dans le cœur. Voici la raison qu'ils en apportent. Le Contrepoint étant composé de différentes parties, l'une aiguë & l'autre grave, celle-ci d'un mouvement rapide, celle-là d'un mouvement lent, qui doivent toutes se réunir pour frapper l'oreille en même-temps, comment pourra-t-il exciter dans l'ame une paſſion déterminée, qui de ſa nature exige un ton & un mouvement déterminé ? L'allégreſſe, par exemple, eſt d'un mouvement rapide & d'un ton aigu ; la triſteſſe, au contraire, eſt d'un mouvement lent & d'un ton grave ; il en eſt ainſi des autres paſſions. Or le ſeul moyen de les enflammer dans le dégré que l'on veut ; c'eſt d'employer une mélodie qui marche toujours d'un même pas & d'un même ton depuis le commencement juſqu'à la fin, & c'eſt ce que ne peut pas faire le Contrepoint. D'ailleurs, ſi pour bien conduire la mélodie, il ne faut pas une ſi grande profondeur de ſçavoir, comme pour bien conduire le Contrepoint, il ne faut le mettre en uſage que rarement, avec beaucoup de goût & de jugement, qui eſt le plus bel appanage de l'eſprit humain, diſoit un ancien ſage.

En ſuivant ces maximes, les Compoſiteurs ſont aſſurés de rendre à la Muſique cette force victorieuſe qu'elle avoit dans les temps paſſés, & qui paroit encore avec avantage

dans

dans les doctes compositions de Benedetto Marcello, homme comparable peut-être aux anciens les plus distingués, & le premier certainement parmi les modernes. Y a-t-il quelqu'un dont l'enthousiasme soit plus noble & plus régulier en même-temps que le sien ? Dans les Cantates de Timothée & de Cassandre, dans la Musique si célèbre des Pseaumes, il a rendu toutes les passions de l'ame, il a peint les sentimens les plus délicats du cœur, il est venu même à bout de représenter à l'imagination des Etres inanimés ; enfin, il a sçu réunir à la sévérité de la Musique ancienne, les beautés de la moderne. Mais ce sont des beautés fières, majestueuses, imposantes, & dignes seulement de charmer des ames capables de les sentir (a).

────────────────────

(a) Le premier de ces Musiciens est Benedetto, dont la hardiesse inimitable, la profondeur & la précision doivent toujours servir d'exemple aux Compositeurs pour la Musique d'Eglise : afin de s'en convaincre, on n'a qu'à se rappeller les cinquante premiers Pseaumes qu'il mit en Musique, & qu'il publia à Venise, il y a environ quarante ans. Il y surpasse tous

ESSAI

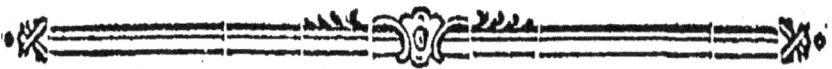

CHAPITRE III.

Du Chant, & de la Déclamation Théâtrale.

CE n'est pas tout que d'avoir égard à l'effet qu'une bonne composition Musicale doit produire; cet effet dépend encore en grande partie de la manière dont elle est exécutée par les Auteurs. Il pourroit se faire qu'un bon compositeur fût comme un bon Capitai-

---

les modernes, & nous y donne une véritable idée de cette noble simplicité qui étoit probablement le caractère de la Musique ancienne. Dans les sujets sacrés il est généralement grand, beau & pathétique, & dans les sujets prophanes, il jette tant d'agrément & de variété, qu'il est assuré de plaire toujours à l'Auditeur. Dans le dernier Pseaume, qui est le cinquantieme, il semble avoir réuni toutes les ressources de son vaste génie, & s'être surpassé lui-même. (Essai sur l'expression Musicale par Charles Avisson, organiste de Newcastel. (*Note de l'Auteur, traduite de l'Anglois*).

ne à la tête d'une mauvaise armée, avec la différence cependant qu'un grand général peut réussir par ses soins à rendre ses Troupes excellentes, au lieu qu'un Compositeur ne peut pas même concevoir des espérances aussi flatteuses avec ses virtuoses, puisqu'ils sont indépendans de ses ordres.

La plûpart d'entr'eux ne se sont peut-être jamais imaginé, qu'ils devroient avant toutes choses apprendre à bien prononcer leur langue, à bien articuler, & à se faire entendre distinctement. Croiroit-on que quelques-uns, bien loin de se procurer ces avantages, tâchent de les détruire autant qu'il est en leur pouvoir. Persuadés qu'une prononciation délicate, qu'un grassayement affecté pour l'ordinaire, ont des graces infinies, ils mangent les finales, tronquent, partagent les paroles, & les mettent l'une pour l'autre.

Ils devroient cependant être bien convaincus qu'il est nécéssaire de prononcer à pleine bouche, parce que les passages, les roulades, les cadences, les tenues plus ou moins longues sur chaque sillabe, couvrent le mot, & que les Auditeurs, ou trop éloignés, ou peu accoutumés à cette manière d'entendre parler en chantant, doivent perdre considérablement de ce qu'on dit. Aussi n'est-il guère possible de rien comprendre, à moins que d'avoir le Poëme devant les yeux. Quelqu'un disoit plaisamment, que cette manière de réciter, qui pour faire une impression distincte dans les oreilles, a besoin qu'on recoure à la lecture, est semblable à ces tableaux, au bas desquels il faut mettre, ceci est un chien, ceci est un cheval, & peut-être y a-t-il de la vérité dans cette parodie que l'on fit autrefois à Paris d'un Opéra sans paroles, comme si elles y étoient réellement de trop (*a*).

Une des causes principales qui contribue sans doute à empêcher les Chanteurs d'acquérir des talens qui leur sont indispensables, c'est qu'ils s'imaginent n'en avoir pas besoin. Il n'en est pas, disent-ils, de l'Acteur de la Comédie, comme de celui de l'Opéra, où la manière de réciter est liée & restrainte sous les notes, ainsi que dans les pièces Dramatiques des anciens. Par-là tous

---

(*a*) Les amours de l'Empereur Caracalla, avec une vestale, par le Grand. (*Note de l'Auteur*).

SUR L'OPÉRA.

les chemins qu'il doit suivre lui sont tracés. Il ne peut se tromper ni quant aux inflexions, ni quant aux tenues de la voix sur les paroles de sa partie : le Compositeur a eu soin de les lui prescrire dans la plus grande exactitude.

Mais lui a-t-il aussi prescrit certaines interruptions, certaines pauses, certains élans d'une ame passionnée, certains tours de gosier plus forts dans un endroit que dans un autre ? Tout cela peut-il se marquer sur la note ? Ne dépend-il pas absolument de la propre intelligence du Chanteur ? & n'est-ce pas en cela que consiste la force de l'expression qui se grave dans l'esprit de l'Auditeur ? Eh ! quoi ? la chorégraphie qui apprend si exactement à lier les mouvemens du corps à la mesure de l'air, ne suffira pas au Danseur pour donner à ses pas le fini & le moelleux qui en font le charme ? Il sera obligé de travailler long-temps pour trouver ces procédés ultérieurs de son art. Et un Chanteur croira nous éblouir uniquement par une voix sonore, par des sons exacts, par des agrémens du chant qu'on achette d'un Maître de Musique ! qu'il sçache que le ton du sentiment est seul la cause du prix inestimable qu'on attache à une belle voix ; qu'on ne se rassasie jamais de l'entendre ; qu'elle fait éprouver toutes les passions qu'elle exprime ; qu'elle se rend enfin maîtresse de tous les cœurs. C'est ce puissant intérêt, cet heureux don de la nature qui ont rendu célèbres quelques Acteurs & Actrices de l'Opéra, qui dans un genre différent ont appris autrefois à Baron & à la le Couvreur, l'art de rendre si parfaitement les vers de Corneille & de Racine, & qui soutiennent encore quelques-uns de leur successeurs sur un Théâtre auquel dans Paris, comme dans Athènes, on consacre la plus grande partie de la vie, de l'étude & de l'amusement.

Mais peut-être conviendra-t-on que la déclamation est entierement du ressort du Chanteur, que personne ne peut la lui prescrire, qu'elle doit partir de son ame, de son intelligence, & qu'elle est aussi nécessaire à l'illusion Théâtrale, qu'il est nécessaire qu'une cause produise son effet. Eh ! que seroit-ce si la plupart d'entr'eux en ignoroient même les premiers élémens, s'ils avoient l'esprit occupé à toute autre chose qu'à ce qu'on dit,

& qu'à ce qu'on fait; si au lieu d'accorder les différentes expressions du geste, du regard, du visage avec les sentimens des paroles, ils avoient un air froid & inanimé; s'ils faisoient des contresens ridicules & pitoyables; si dans les intervalles du chant ils s'amusoient à lorgner, à sourire, à parler; enfin, s'ils avoient pris à tâche de faire connoître au public qu'ils ne veulent point le tromper, & que si par hazard il s'avisoit de les prendre pour Achille, pour Chiron, pour Pénéloppe, ils font leur possible pour lui prouver, comme disoit un plaisant, qu'ils sont réellement *un M. le Grand, un M. Martin, une Mlle. Julie*, &c, &c. N'est-ce pas-là une des principales causes de l'ennui que les connoisseurs éprouvent à la représentation de nos Opéra? à quoi peut servir que la Poësie & la Musique aient étalé tous leurs charmes? Quand elles sont mal rendues, le cœur ne peut jamais être intéressé, & ce Spectacle n'est bon, tout au plus, qu'à amuser des enfans de tout âge (13).

Mais, dira-t-on, nos virtuoses ont pris leur parti sur la déclamation. Ils ont tourné tous leurs vœux & tous leurs soins du côté du chant. Voyons si en ceci même ils observent les bornes qui sont prescrites, & s'ils ne prennent pas pour des loix invariables ce qui n'est que l'effet de leur caprice. Quel désagrément pour moi, disoit Pistocco à Bernachi, qu'on peut regarder comme l'Auteur de la licence actuelle dans le chant ! Je t'ai appris à chanter, & tu ne veux que rendre des sons.

C'est un axiome vulgaire que quiconque ne sçait pas modérer sa voix, ne sçait pas chanter. Le grand secret pour exciter les passions consiste à la soutenir & à la conduire par des nuances imperceptibles. Nos Acteurs ignorent ou feignent d'ignorer cette maxime. Ils pensent que toute l'habileté consiste dans des éclats & des sautillemens de voix de note en note, & que le chant brille infiniment moins dans le simple & le naturel, que dans le difficile & l'extraordinaire.

Nous ne prétendons pas exclure les grandes difficultés de la Musique : nous exhortons même les jeunes Chanteurs à tâcher de les surmonter. Elles rendent la voix fléxible & obéissante; elles la rompent, augmentent son volume, étendent sa portée, & lui font exécuter des passages étonnans. D'ailleurs accoutumée à rendre ce qui est le plus difficile, elle est bien plus propre à rendre ce qui l'est moins. Elle sçait trouver ces traits fins, ces délicatesses, ces graces, ces riens enchanteurs qui lui donnent tant de valeur.

Mais croire qu'il faut toujours surprendre les Auditeurs par des difficultés inouies, c'est chercher à fatiguer leur attention, c'est leur inspirer du dégoût immanquablement; c'est en un mot prendre pour la fin ce qui n'est que le moyen. La raison éclairée apprend à chanter simplement, & non à chanter de la gorge, à rendre des sons naturels, & non des sons pincés comme ceux de la harpe. Quand on néglige ces règles essentielles, & qu'on ne connoit pas le véritable goût du chant, ont court risque de dénaturer la plus belle Musique, de lui ôter sa force & sa majesté, de la rendre efféminée & licentieuse, d'en affoiblir l'expression par un tas de roulades, de cadences, de martellemens, de balancemens, déclats & de chutes. On peut même lui donner une ennuyeuse uniformité, en prodiguant les mêmes traits sur toutes sortes d'airs; & il est bien à craindre que par le masque dont on les couvre, ils ne se ressemblent tous, comme ces femmes, qui avec leur rouge & leurs mouches, paroissent être toutes de la même famille.

On a coutume d'accorder à l'Acteur en Italie une grande liberté, particulierement dans les airs. On les compose avec peu de notes, on n'y met en quelque sorte que les premiers linéamens de la phrase chantante. Il est ensuite le maître de suppléer & d'ajouter ce qu'il juge à propos.

Si l'on considère le bien & le mal qui résultent de cet usage, il semble qu'on devroit préférer celui des François, qui ne mettent pas si fort à leur aise leurs Acteurs, & qui les réduisent à être de simples exécuteurs des pensées d'autrui (14). Il est vrai qu'il est très-facile de s'ennuyer, en entendant toujours répéter précisément les mêmes choses; & il paroît raisonnable qu'on doit laisser un peu le champ ouvert à la science, à la passion & à la fantaisie même du Chanteur. Mais d'un autre côté, si l'on fait attention à l'ignorance, aux excès ridicules du plus grand nombre d'entr'eux, qui ne sçavent ou qui ne veulent point se restraindre au sujet, &

qui bleſſent à tout inſtant la convenance & la vérité, on jugera qu'il eſt bien dangereux de ſe prêter à leurs vaines prétentions.

Dans cent miſérables Copiſtes plagiaires & compilateurs de lieux communs, à peine en trouvera-t-on un qui ſçache réunir le goût avec la ſcience, l'élégance avec le naturel, & dans qui le jugement captive la fougue des caprices inſenſés. Qu'il ſoit permis ſans doute au très-petit nombre des favoris du Dieu de la Muſique, de mettre des ſupplémens analogues aux idées du Compoſiteur; qu'ils tâchent d'éviter ſur-tout de faire de faux accords avec la baſſe & avec l'harmonie des inſtrumens. Mais que le compoſiteur ſoit prévoyant pour tous les autres, qu'il écrive tout pour eux, qu'il les guide par la main à chaque pas, & à chaque tranſition.

Par la même raiſon, il ne faudroit pas, comme on le pratique, abandonner au Chanteur la cadence qu'il rend le plus ſouvent d'une toute autre expreſſion, que n'eſt l'air en lui-même. Il ne manque jamais d'y faire entrer autant de graces factices, de ſingularités, de manières recherchées qu'il lui a été poſſible d'en imaginer ou d'en emprunter de tous côtés. Elle ressemble, dit un connoisseur, au bouquet des feux d'artifice, que les virtuoses font éclater sur la fin de l'air. Ils devroient pourtant ne pas ignorer que la cadence doit naître de l'air lui-même, en prendre la forme, varier seulement selon son caractère, & en être, pour ainsi dire, la péroraison & l'épilogue (*a*).

On nous aura reproché peut-être jusqu'à présent d'avoir été conduits par un esprit amer de critique, & d'avoir été plus portés à blâmer avec aigreur les défauts de l'Opéra, qu'à rendre justice aux beautés qui ne laissent pas de s'y faire remarquer. Nous nous bornerons à dire, pour notre justification, qu'entraînés par l'idée avantageuse que nous nous sommes formés de ce Spectacle, nous n'avons pu qu'être révoltés des abus énormes

---

(*a*) M. d'Alembert a désaprouvé dans son discours sur la liberté de la Musique, cette proposition, & une autre toute pareille au sujet de la simphonie de l'Opéra. Cela seul auroit été capable de faire croire à l'Auteur de cet Essai, qu'il auroit pû se tromper. Mais il a été confirmé dans son sentiment par les meilleurs maîtres de Musique Italiens qu'il a consultés. (*Note de l'Auteur*).

que la pareffe, l'ignorance & le faux goût y ont introduits, & que nous avons feulement prétendu ramener à fa véritable deftination. Car fi l'on le fuppofe tel qu'il doit être, quels effets ne produira-t-il pas ?

Qu'on imagine le fujet du Poëme intéreffant & bien exécuté, le compofiteur entrant dans les intentions du Poëte, & travaillant dans le coftume, la Mufique expreffive, le récitatif varié, les airs pittorefques, l'Orcheftre bien dirigé, la fimphonie agréable, les Acteurs exercés dans la Déclamation Théâtrale, chantant avec grace & fans affectation, tous ces moyens perfectionnés chacun en leur genre, & dirigés vers le meme but. Alors l'Opéra ne ferat-il pas un Spectacle véritablement grand, magnifique, capable d'intéreffer une affemblée refpectable ? La Mufique ne renouvelleroit-elle pas parmi nous les mêmes prodiges qu'elle opéroit parmi les anciens ? N'auroit-elle pas la même force pour enflammer & calmer à fon gré les paffions ? Ne l'écouteroit-on pas avec un plaifir fenfible depuis le commencement, jufqu'à la fin ? Ne s'y porteroit-on pas même avec afluence pour fe former à cette école des mœurs ?

Mais dans l'état où eſt aujourd'hui l'Opéra, il doit néceſſairement glacer d'ennui les Spectateurs pendant la plus grande partie du temps que dure la repréſentation. Si l'on prête encore de l'attention, c'eſt pour quelque Ariette brillante ; c'eſt pour les danſes qui ne commencent jamais trop tôt, & qui finiſſent toujours trop tard ; elles captivent les yeux & le cœur de tout le monde. On diroit, en vérité, que le Théâtre de l'Opéra eſt maintenant plutôt une Académie de Danſe, qu'une Académie de Muſique, & qu'on a ſuivi très-exactement le conſeil de cet homme d'eſprit, qui diſoit que pour rétablir & ſoutenir ce Spectacle, il falloit allonger les Ballets & raccourcir les jupes.

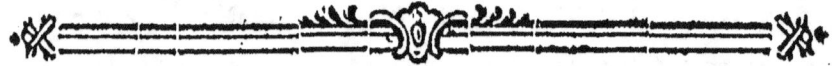

CHAPITRE IV.

De la Danse.

MAIS enfin, qu'eſt-ce que cette Danſe après laquelle le public ſoupire avec tant d'ardeur?.....(15) Elle ne fait jamais partie du Drame; elle eſt toujours étrangère à l'action, & le plus ſouvent elle y répugne. Après la fin d'un Acte paroiſſent tout-à-coup des Danſeurs auxquels on ſeroit fondé à demander quel motif les conduit ſur la Scène. Si l'action ſe paſſe à Rome, le Ballet eſt à Pékin ou à Cuſco, & pour comble d'extravagance, ſi l'Opéra eſt ſérieux, le Ballet eſt bouffon : eſt-il rien de plus choquant, de plus déſuni, qui procède plus par bonds, s'il eſt permis de ſe ſervir de ce terme, qui ſoit plus contraire à la loi de continuité, loi inviolable preſcrite par la nature, & que l'art ne peut jamais ſe permettre de violer?

Mais laiſſant à part ces obſervations qui pourroient paroître, ou trop minutieuſes, ou trop sévères, cette Danse à laquelle on trouve tant de charmes, est-elle autre chose dans le fonds, que des cabrioles à perdre haleine, des sauts indécens qui ne devroient jamais recevoir l'applaudissement des personnes honnêtes, une monotonie perpétuelle de très-peu de pas, & de très-peu de figures? Voyez la composition de tous ces Ballets. A la suite de quelques pas confus, embrouillés, & exécutés d'assez mauvaise grace par tous les Danseurs ensemble, il se détache de la troupe un Danseur & une Danseuse. L'un ne manque jamais de faire à l'autre quelque niche, de lui jouer quelque tour assez usé; ils se mettent en colère, ils se raccommodent, ils s'invitent mutuellement à danser, & les voilà tous les deux à faire, sans aucune apparence de dessein dirigé vers quelque but, des entrechats, des écarts, des tours de force qui feroient honneur à des Sauteurs de profession. A ceux-ci en succèdent deux autres plus agiles encore. Enfin, viennent le prèmier Danseur & la premiere Danseuse qui ravissent d'extase tout le monde, & qui excitent des battemens de mains infinis; & le tout se termine par une Danse générale

générale aussi maussade que celle par laquelle on a débuté. Connoissez un Ballet, vous les connoîtrez tous à-peu-près. On a beau changer les habits des Danseurs ; on ne change jamais le caractère de la danse.

Si quelqu'un ne se formoit une idée de la Danse, que d'après celle qu'il voit exécuter médiocrement par la plupart des Danseurs modernes, il prendroit pour des folies de roman ce que les Auteurs rapportent des effets singuliers qu'elle produisoit autrefois. Cependant le Ballet des Euménides à Athènes, qui étoit si effrayant, que des enfans en moururent de peur, & que des femmes grosses en avortèrent ; le talent extraordinaire de Pilade & de Batille, dont l'un excitoit la pitié & la terreur, & l'autre le plaisir & le rire, les dissensions presque tragiques qui partagerent Rome du temps d'Auguste, au sujet de ces deux Danseurs, tant d'autres traits qu'il seroit facile de citer ; sont des preuves sans réplique du pouvoir qu'a la Danse sur l'esprit des hommes, lorsqu'elle devient un art d'imitation.

Mais il paroît bien que nos Danseurs ne l'envisagent point sous cet aspect. A peine en trouve-t-on quelqu'un qui réunisse la grace avec la force du corps, la mollesse des bras avec l'agilité des pieds, l'aisance dans les mouvemens avec le feu de l'exécution, & néamoins ce ne sont encore-là que les premiers élémens de la Danse, ou plutôt les fondemens sur lesquels il faut bâtir pour en acquérir la perfection ; car la Danse doit être une imitation de la nature & des affections de l'ame, qui s'exprime par les mouvemens souples & harmonieux du corps; elle doit parler continuellement aux yeux, & peindre avec le geste, ou ce que les anciens appelloient la pantomime (16).

D'après ces règles nécessaires, vraies & fondées sur la théorie de l'art, il faut qu'un Ballet aie son exposition, son intrigue & son dénouement, qu'il soit une représentation fidelle d'une action, & qu'il la fasse connoître à l'esprit tout comme si elle étoit récitée. Tel est le Ballet du Joueur composé sur un très-bel air de Jomelli. On y reconnoit un dessin bien tracé, & une expression pittoresque de tous les événemens qui caractérisent le gracieux intermède de ce nom. Tels sont encore quelques autres Ballets *Comiques*

& sérieux, qui ont mérité des applaudissemens, & où les Danseurs eux-mêmes ont montré qu'ils avoient, comme l'a dit quelqu'un, les bras, les pieds & le visage éloquens.

Mais il faut laisser aux François le talent de la Danse, soit Comique, soit sérieuse : aucune nation ne peut le leur disputer, ni même les égaler : aucune n'a mis autant de soin pour s'y perfectionner. Il faut aussi convenir que la nature les y à rendu propres, comme les Italiens à la Musique. L'art de la chorégraphie né parmi eux à la fin du seizieme siecle, a fait dans ces derniers temps des progrès surprenans. Il a créé les Ballets de la Rose, d'Ariane, de Pigmalion & beaucoup d'autres où les maîtres qui les ont dirigés, & les Danseurs qui y ont figuré rappellent le souvenir de Pilade, & des Pantomimes anciens les plus renommés. On devroit donc prendre les François pour modèles dans ce genre d'agrément, & aucune nation ne devroit avoir honte de se former sur eux; les Italiens sur-tout, qui après avoir donné à la France même l'idée entière de l'Opéra devroient s'empresser d'en reprendre une partie pour embellir le leur (17).

CHAPITRE V.

Des Décorations.

ON peut d'abord comprendre fous le nom de Décorations, les habillemens qui font néceffaires aux Acteurs & aux Danfeurs pour les faire paroître avec avantage fur le Théâtre de l'Opéra. Ces habillemens devroient fe rapprocher, autant qu'il eft poffible, de l'ufage des temps & des Nations qui font mis fur la Scène. Je dis fe rapprocher, autant qu'il eft poffible. Car le Théâtre permet une certaine liberté, & peut-être là plus qu'ailleurs, on doit fe tenir éloigné d'un efprit minutieux & pédantefque.

Mais fi l'on n'exige pas qu'on doive tailler, raccourcir, allonger & ajufter les habits précifément, comme le décrit le fçavant Férario, il ne s'en fuit pas cependant qu'on puiffe fe permettre des défauts qui bleffent vifiblement le coftume, & qui font l'effet d'une ignorance profonde, tels que de voir les gens de la suite d'Enée, avoir une pipe à la bouche, & porter des culottes à la Hollandoise (*a*). Pour conserver dans cette partie la ressemblance & la vérité, il nous faudroit des Jules Romain, & des Triboli, qui y ont si fort excellé, ou du moins il seroit bien important que ceux qui sont chargés de ce détail prissent ces habiles artistes pour modèles.

Mais il seroit encore plus nécessaire que les Peintres décorateurs suivissent les traces d'un Sangallo & d'un Péruzzi. On ne ver-

---

(*a*) Un de nos grands Artistes qui ne sera pas soupçonné d'ignorer la belle nature par ceux qui ont vu ses ouvrages, a renoncé aux Spectacles que nous appellons sérieux, & qu'il n'appelle pas du même nom : la manière ridicule dont les Dieux & les Héros y sont vêtus, dont ils y agissent, dont ils y parlent, dérange toutes les idées qu'il s'en est faites : il n'y retrouve point ces Dieux & ces Héros, auxquels son ciseau sçait donner tant de noblesse & tant d'ame, & il est réduit à chercher son délassement dans les Spectacles de farce, dont les tableaux burlesques sans prétention ne laissent dans sa tête aucune trace nuisible.

(M. d'Alembert de la liberté de la Musique, *Note de l'Auteur*).

roit pas fur nos Théâtres un Temple de Jupiter ou de Mars, offrir la reſſemblance d'une belle Egliſe moderne, une place de Carthage être dans le goût d'une Architecture Gothique. On admireroit plutôt les ſinguliers effets du coſtume uni avec le pittoreſque. Car les Décorations dans l'Opéra ont ce précieux avantage ſur tout le reſte, qu'elles ont un pouvoir merveilleux pour enchanter les Spectateurs, qu'elles leur repréſentent le lieu déterminé de l'action, & que par le moyen de l'illuſion elles les tranſportent en Egypte ou en Grèce, à Troye & à la Ville de Mexique, dans les Champs-Eliſées, ou dans l'Olimpe.

Elles demandent donc de la part du Peintre une capacité qui ne ſoit pas médiocre. Il faut que ſon imagination vive & brillante ſoit dirigée par une érudition vaſte, & par un grand fonds de jugement. Il peut trouver ſans doute des ſecours infinis dans la lecture des bons ouvrages relatifs à ſon Art, & dans la converſation des hommes inſtruits des ouvrages de l'antiquité. Mais celui qu'il doit particulierement conſulter, c'eſt le Poëte, c'eſt l'Auteur lui-même de la Pièce, qui en a tracé le deſſin, rempli les détails, & qui eſt cenſé n'avoir négligé aucun moyen pour embellir, & pour rendre vraiſemblable le ſujet qu'il a choiſi (18).

Quoique les Peintres du ſeizieme ſiècle ſoient ſans contredit les plus habiles parmi les modernes, cependant l'art de peindre les Décorations, a fait dans le ſiècle paſſé des progrès inconnus juſqu'à ce temps-là. La raiſon en eſt toute ſimple. On conſtruiſit à cette époque pluſieurs Théâtres: ce genre de Peinture devint plus commun, les Artiſtes s'y adonnèrent en plus grand nombre, & par conſéquent les efforts pour tendre à la perfection, furent plus multipliés. Les inventions de Jérôme Cenga, ſi fort exaltées par Sarlio, n'étoient que des arbres & d'autres objets faits avec de la ſoie très-fine, qu'on regarderoit aujourd'hui comme des puérilités. Je ne doute pas un inſtant, que Sarlio lui-même, dont le traité ſur les décorations peut être utile & recherché pour beaucoup d'autres objets, ne vît avec plaiſir comment, ſans le ſecours des reliefs en bois, on a vaincu toutes les difficultés en perſpective, comment on fait paroître des ſituations rétrecies en des endroits grands & spacieux, comment enfin on a porté l'art de tromper l'œil jusqu'au dernier dégré de perfection.

La manière des Décorations vues de côté, produit le plus bel effet qu'on puisse imaginer, pourvu qu'on l'employe avec beaucoup de réserve. Ferdinand Bibiena, fut le premier qui les introduisit, & qui mérita par cette nouveauté les applaudissemens de tout le monde. Il avoit remarqué qu'il y avoit une trop grande uniformité dans les rues, les allées, les galeries, qui peintes en face prolongent à l'infini l'objet de la vision, & égarent ainsi l'imagination du Spectateur. Comme il avoit étudié sous de bons maîtres, & dans Vignole même, les principes de son art, il essaya de représenter les Décorations, ainsi que les Peintres du seizième siècle avoient représenté les Personnages, & ses succès le firent regarder comme le Paul Véronèse du Théâtre. A son exemple, il eut la gloire d'arriver à la perfection par la magnificence & le merveilleux qui caractérisent ses ouvrages, & comme lui il emporta dans le tombeau les secrets de magie & d'illusion dont son génie avoit fait la découverte.

On ne l'a suivi que dans ce qui étoit le plus facile, c'est-à-dire, dans ses bizarreries.

On a négligé les principes de l'art qui lui faisoient conserver la vraisemblance dans tous ses ouvrages, & insensiblement on s'est éloigné de sa méthode, en faisant pourtant profession de l'imiter. On ne cherche plus qu'à frapper les yeux par un faux air de peinture saillante. On ne sçait plus exécuter que des sujets mal conçus, des images décousues, des morceaux épars, d'autres percés à jour ; on emploie des moyens plus bizarres encore, & partout on s'écarte de la nature.

Mais sans parler d'une certaine perspective imaginée par les Peintres modernes, n'est-il pas ridicule qu'ils dénaturent, en quelque sorte, les objets, & qu'ils veuillent nous persuader de donner le nom de cabinet à ce qui pourroit dans un besoin servir de sallon ou de vestibule, & d'appeller prison ce qui pourroit former une cour, & peut-être même une place ?

(*a*) Vitruve raconte, qu'un Peintre ayant représenté à Tralli une Décoration dans la-

---

(*a*) *Lib.* 8 , *Cap.* 5.

quelle il y avoit, je ne fçai quoi, qui péchoit contre la vraifemblance, les habitans affemblés louoient avec tranfport cet ouvrage exécuté d'ailleurs avec beaucoup d'intelligence & d'habileté. Sur ces entrefaites arrive un certain Licinius Mathématicien, qui après avoir examiné le tableau, ouvrit les yeux à fes concitoyens : Ne voyez-vous pas, leur dit-il, que fi vous approuvez dans la Peinture ce qui ne peut exifter dans la réalité, votre Ville court grand rifque d'être mife au nombre de celles qui ne font pas renommées pour la vivacité de l'efprit ? Que diroit aujourd'hui ce Mathématicien, s'il étoit témoin des éloges que nous prodiguons aux Décorations, où des labyrinthes d'Architecture, n'offrent aucune image de vérité, où les bâtimens n'ont aucun plan régulier, & dont les colonnes au lieu d'avoir leur architrave & leur piedeftal, vont fe perdre dans une foule de foutiens qui femblent placés au milieu de l'air ? N'arrive-t-il pas même affez fouvent que ces colonnes paroiffent être trop courtes, trop menues, tortues, mutilées, & qu'elles font appuyées d'un côté fans trouver de l'appui de l'autre ?

Mais on voit encore parmi nous des Licinius (a), & l'avanture de l'ancien Peintre de Tralli, s'eſt renouvellée à l'égard du Père Pozzi, un des Peintres les plus relâchés de la nouvelle Ecole. Dans la Peinture d'une coupole, il avoit appuyé des colonnes qui lui ſervoient de ſoutien. Quelques Architectes déſapprouvoient cette méthode, en diſant que pour rien au monde ils n'auroient voulu la pratiquer dans un bâtiment. Mais un Profeſſeur de ſes amis, comme il le rapporte lui-même, les fit changer de ſentiment en s'obligeant de refaire tout à ſes dépens ſi après avoir étayé les conſoles même, les colonnes venoient à tomber. Excuſe pitoyable, comme ſi l'on ne devoit pas peindre l'Architecture dans l'exactitude des régles, & que ce qui bleſſe dans la vérité ne bleſſât pas auſſi dans la repréſentation qu'on en fait.

Un Peintre ne pourra jamais aſſez étudier les beaux monumens qui nous reſtent de l'antiquité, s'il veut apprendre à ſe renfermer dans les bornes que ſon art lui preſcrit pour

_____

(a) *Utinam dii immortales feciſſent, ut Licinius reviviſceret & corrigeret hanc amentiam.* id. ibid.

une fage invention. L'Italie & la Grèce lui fourniront des modèles excellens qui ont contribué au rétabliſſement de la bonne Architecture parmi nous. L'Egypte qui la prèmiere a découvert tous les arts, pourra donner au Peintre de grandes idées. En effet, ſans parler des piramides, qu'y a-t-il de plus majeſtueux & de plus régulier en même-temps, que ces reſtes du Palais de Memnon, qui s'élèvent encore le long du Nil, & ceux de la Ville de Thèbes à cent portes, leſquels, graces aux ſoins de Nordeno, ſont devenus aujourd'hui publics ? En conſervant les formes & les ſobres ornemens qui les accompagnent, il feroit facile d'étaler des beautés admirables dans les décorations, ſur-tout ſi l'on employoit la manière de l'Ecole Toſcane, & celle de Michel-Ange, qui ſans contredit a le plus d'avantage.

La Chine, ancien aſyle des arts, & colonie de l'Egypte, à ce qu'on prétend, pourra prêter encore infiniment à l'imagination du Peintre pour de très-belles Décorations. Ce n'eſt pas que je vouluſſe adopter les ridicules bizarreries que nous avons priſes depuis peu de ce peuple avec, ce ſemble, peu de finesse de goût, & que nous avons substituées au grotesque érudit de Jean de Udine, de l'India, & des autres maîtres qui vivoient il y a deux siècles. Je ne voudrois pas non plus qu'on imitât les pagodes & les tours de porcelaine de la Chine, à moins que des Chinois ne fussent le sujet de l'Opéra.

Mais quant aux ornemens de pur agrément, & aux jardins sur-tout, qui reviennent souvent dans les Décorations, je désirerois qu'on profitât des idées charmantes de cette nation industrieuse & habile en ces sortes de choses. Les Jardiniers de la Chine sont comme autant de Peintres qui ne dessinent pas un jardin avec cette régularité qui constitue l'art des bâtimens, mais qui prennent la nature pour guide, & qui s'attachent à ne l'imiter que dans son désordre & dans sa variété. Ils ont coutume de choisir les objets qui dans leur genre plaisent le plus à la vue, de les disposer de manière que l'un soit l'opposé de l'autre, & qu'il résulte de l'ensemble un effet charmant & singulier. Ils plantent dans les bosquets des arbres qui sont tous différens entr'eux, soit pour le jet, soit pour la couleur, soit pour la nature. Ils ont le talent suprême de faire prendre aux objets des aspects divers dans une même situation. D'un côté, ils vous épouvantent par une vue de précipices que l'art a formés & comme suspendus en l'air, par des cascades d'eau, par des cavernes & des grottes où ils font jouer différemment la lumière, & de l'autre ils vous enchantent par des parterres fleuris, des canaux limpides, des Iles éparses, & des bâtimens élégans qui s'élèvent sur la surface des eaux. De la situation la plus horrible ils vous font passer tout-à-coup à la plus délicieuse. Ils ne séparent jamais l'agréable du merveilleux qu'ils tâchent de distribuer également dans un jardin, comme les Poëtes Européens dans le tissu de la Fable d'un Poëme.

Il n'est pas douteux que les Anglois n'aient pris des Chinois ce goût qui a rendu leur Kent & leurs Chambers bien supérieurs à le Nautre, regardé jusqu'à présent comme le premier dans l'art de planter les jardins. La régularité Françoise est bannie des campagnes d'Angleterre. Les plus beaux sites ainsi que les plus affreux, paroissent toujours naturels.

Le gracieux s'y mêle indistinctement avec le sauvage, & le désordre qui y regne, provient cependant de l'art le mieux entendu.

Mais pour venir à des choses qui nous environnent, pourquoi nos Peintres n'étudient-ils pas ce qu'ils ont devant les yeux ? Sans compter les édifices anciens qui subsistent encore en Italie, il en est de modernes qui par leurs beautés mériteroient d'être représentés dans les Décorations, pourvu que la vraisemblance ne fût pas blessée. Que n'étudient-ils encore les morceaux d'Architecture qui ornent plusieurs tableaux du Veronèse, dans lesquels on peut hardiment assûrer qu'il a rendu les actions de l'histoire Théâtrales, en quelque sorte, & Dramatiques ? Ils feroient aussi très-bien de s'attacher aux Paysages du Poussin, du Titien, de Marchetto-Ricci, & de Claudio, qui ont sçu voir dans la nature les beautés les plus exquises, & les transporter sur la toile. Que si l'imagination ne secondoit pas les efforts des Décorateurs, quel parti plus sage pourroient-ils prendre que de copier très-exactement les Paysages de ces grands Peintres, en imitant ce Prédicateur prudent, qui plutôt que de donner de son fonds de mauvais Sermons, récitoit ceux des Orateurs les plus célèbres ?

Il est étonant combien la paresse & l'ignorance font négliger des points essentiels d'où dépendent cependant l'illusion & le prestige qui font l'ame de l'Opéra. Un Article des plus nécessaires, & auquel on ne fait pas beaucoup d'attention, c'est de disposer tellement les issues sur la Scène dans les Décorations en général, & dans celles d'Architecture en particulier, que les Acteurs puissent entrer & sortir librement de tous côtés, & que leur taille ait une juste proportion avec la hauteur des colonnes. Les Acteurs viennent pour l'ordinaire du fond du Théâtre, parce que là seulement, il y a un passage libre pour arriver sur la Scène. Or chacun peut avoir remarqué combien cet usage affecte désagréablement les yeux. Car la grandeur apparente d'un objet, dépend de la grandeur apparente de son image réunie avec le jugement qu'on porte de la distance de cet objet. Ainsi en établissant l'image de cette même grandeur, l'objet sera vu d'autant plus grand qu'on l'aura jugé plus éloigné. De-là vient que les Personnages qui
se

se voyent dans le fond du Théâtre, paroissent comme des géans, parce que la perspective & les Décorations les font juger excessivement éloignés. Mais ces mêmes géans se rappetissent ensuite, & deviennent des nains à mesure qu'ils s'avancent, & qu'ils sont plus voisins des yeux.

Il en est de même des points de vue, qui ne devroient pas se prolonger de telle sorte que les chapiteaux des colonnes vinssent aux épaules ou à la ceinture des Acteurs; ce qui détruit entièrement la magie de la Décoration. Généralement parlant, quand il s'agit de mêler le vrai avec le faux, ce qui a un corps avec ce qui n'en a que l'apparence, il faut user des plus grandes précautions pour que l'un ne démente pas l'autre, & qu'au contraire tout paroisse se lier étroitement & faire un accord parfait.

Une autre chose qu'il est encore bien important d'observer, & qu'on a grand tort de négliger, c'est la lumière dans les Décorations (19). On ne sait point la partager avec égalité & avec économie. Les objets sont médiocrement éclairés & toujours avec des nuances insensibles qui ne les font pas resfortir. Cependant, fi l'on entendoit l'art de la diftribuer, fi on l'envoyoit en maffe fur certaines parties de la Scène, & fi on en privoit d'autres, n'y a-t-il pas apparence qu'elle jetteroit fur le Théâtre cette force & cette vivacité du clair-obfcur, que Rembrant eft venu à bout de mettre dans fes reliefs ? Peut-être même ne feroit-t-il pas impoffible de tranfporter fur les Décorations cette aménité de lumière & d'ombres qu'ont les tableaux de Giorgione & du Titien ?

Pour cela il n'y auroit qu'à fe fervir des mêmes procédés qu'on emploie avec fuccès dans les machines appellées optiques, qui repréfentent des édifices, des ports de mer, des combats d'armées navales, & d'autres beaux points de vûe. La lumiere y eft introduite à travers des papiers huilés, qui affoibliffent les tons tranchans des couleurs, & la peinture reçoit une telle évaporation qu'il n'y refte plus qu'une douceur & un accord qui flattent délicieufement les yeux des Spectateurs. Je me fouviens d'avoir vû à Bologne, pendant le temps de la Semaine-Sainte, où l'on conftruit des Sépulcres, des Tableaux appliqués aux murs de l'Eglife &

des Statues qui recevoient la lumière à travers des papiers huilés placés dans de petites lunettes. Ces Tableaux peints grossièrement & ces Statues mal travaillées paroissoient être cependant d'une exécution parfaite ; on auroit dit qu'ils avoient une ame. Quoique voisins de l'œil, on avoit bien de la peine à se persuader que ce n'étoit que du Marbre & de la Toile. On ne pouvoit rien desirer de plus pour une illusion complette.

Nous ne craignons pas d'assurer qu'un Théâtre éclairé avec goût ne dût contribuer singulièrement à l'enchantement des Spectateurs, qu'il n'achevât de déterminer les impressions que les autres parties constituantes de l'Opéra auroient déja excitées, & qu'il ne fît encore mieux paroître l'avantage que nous avons sur les Anciens, de rendre nos Représentations analogues au temps dont on parle par le moyen des Décorations. Il n'est pas au moins douteux, que ces Décorations, dont les sujets seroient inventés & exécutés avec jugement, ne plussent infiniment mieux aux connoisseurs, que ces caprices extravagans qui sont aujourd'hui si fort à la mode,

& qui sont loués par des hommes frivoles dont les décisions s'étendent sur des matières qu'ils ne comprirent jamais. On verroit alors arriver sur le Théâtre de l'Opéra la révolution qui eut lieu en France, lorsque la Comédie, défigurée depuis si long-temps par les subtilités Espagnoles, fut rendue naturelle & vraisemblable par le divin Molière. Alors on méprisa ce que l'on avoit si fort admiré. N'en soyons pas surpris. La vérité a des droits imprescriptibles sur l'esprit des hommes : ils y courent avec empressement, s'ils ont le bonheur de la trouver. Ménage dit que le temps étoit enfin arrivé d'abbattre ces vaines idoles, devant lesquelles les François avoient brûlé jusqu'alors de l'encens.

CHAPITRE VI.

Du Théâtre.

LE Théâtre est la derniere des parties qui constituent l'Opéra. Si l'on est convaincu par tout ce que nous avons dit jusqu'à présent, que chacune d'elles a besoin d'être corrigée & réformée, il n'est pas moins certain que celle dont il nous reste à parler est dans le même cas. Comme on a été obligé, dans ces derniers temps, de construire plusieurs Théâtres, il est arrivé que les Architectes, qui ont trouvé un champ libre à leur génie, ont tâché de s'illustrer. Mais par une suite de la funeste ambition qui domine aujourd'hui dans les Arts, & qui ne cherche qu'à franchir les bornes prescrites, on n'a fait que des chûtes honteuses. On s'est mépris & sur l'usage auquel un Théâtre est destiné, & sur la fin qu'on doit s'y proposer. De-là vient que si la construction des Salles de l'Opéra a reçu les éloges de quelques personnes séduites par les beautés accessoires, elle a mérité les justes reproches de ceux qui n'estiment les choses que selon leur valeur réelle & intrinsèque.

Il ne sera donc pas inutile de s'arrêter un moment sur les diverses questions qu'on a agité, depuis long-temps, sur la meilleure construction d'un Théâtre, sur la matière dont il doit être construit, sur la grandeur & la figure qu'il doit avoir, sur la disposition des loges & sur leurs ornemens. Par-là nous tâcherons de remplir le plan que nous nous sommes proposés.

Et d'abord pour ce qui regarde la matière, on ne peut que louer infiniment les Architectes qui bâtissent en briques ou en pierres les voûtes, les corridors, les escaliers & tous les ouvrages extérieurs des Théâtres, qui ont l'avantage d'être non-seulement très-durables, mais encore d'être garantis des incendies auxquels sont exposés ceux qui sont bâtis d'une autre matière.

Cependant il ne faudroit pas qu'afin de pourvoir à une grande sûreté dans le bâtiment, ou par une certaine magnificence mal-entendue, on s'avisât de faire encore de pierres les loges & toutes les parties intérieures de la Salle. L'Architecte iroit contre la fin principale qu'il doit s'y proposer, & qui consiste à la rendre sonore, & à faire ensorte que les voix des Acteurs retentissent autant qu'il est possible, pour qu'elles ne perdent rien de leur agrément & de leur force avant que d'arriver aux oreilles des Auditeurs.

L'expérience journalière démontre que dans une Salle où les murs sont nuds, les voix sont bien répercutées, mais trop fortement; elles deviennent rudes; elles ont trop de crudité, si l'on peut se servir de ce terme. Au contraire, elles sont étouffées par les tapisseries dont une chambre est garnie; mais si cette chambre est lambrissée de haut en bas, alors les voix retentissent délicieusement; elles parviennent à l'oreille pleines & moelleuses. Il s'ensuit donc par le témoignage même de l'expérience, qu'on doit choisir pour l'intérieur du Théâtre le bois, c'est-à-dire, la matiere dont on fait précisément les instrumens de Musique, comme étant plus propre que toutes les autres, quand elle est frappée par le son, à rendre cette espèce de vibrations qui s'accordent le mieux avec les organes de l'ouïe. En effet si les Théâtres des Anciens étoient construits de matière solide, comme de pierre, de brique & du marbre, on y mettoit des vases de bronze, afin d'augmenter le volume de la voix des Acteurs. Mais on n'avoit pas besoin de cette précaution dans les Théâtres faits avec du bois, parce que sa qualité consiste principalement, comme dit Vitruve (a), à rendre du son. Remarque judicieuse de la part de cet ancien & habile Architecte, & qui doit servir de leçon aux modernes. Il est cependant nécessaire d'avertir que le bois mis en œuvre doit être bien uni & travaillé

(a) *Itaque ex his indagationibus Mathematicis rationibus fiunt vasa ærea pro ratione magnitudinis Theatri..... Dicet aliquis forte multa Theatra Romæ quotannis facta esse, neque ullam rationem earum rerum in his fuisse ; sed erravit in eo, quod omnia publica lignea Theatra tabulationes habent complures quas necesse est sonare...... Cum autem ex solidis rebus Theatra constituuntur, id est, ex structura cæmentorum, lapide, marmore, quæ sonare non possunt, tunc ex his hac ratione sunt explicanda.* Vitruve, lib. 5, cap. 5. (*Note de l'Auteur.*)

également par-tout, afin que les vibrations ne s'entre-choquent pas mutuellement ; mais que frappé par le son de la même manière dans toutes les parties, il répercute plus régulièrement les ondulations sonores.

Le vulgaire estime toujours la beauté d'un Théâtre par sa grandeur. Il est vrai que les grands édifices ont de quoi surprendre & charmer tout le monde ; mais il faut observer en tout une mesure déterminée. L'étendue de l'emplacement, dit encore Vitruve, doit être proportionnée à la multitude des personnes : s'il est trop petit, il devient inutile ; s'il est trop grand, il paroît désert. Sans nous attacher donc à développer ce principe, qui est assez évident par lui-même, nous disons qu'il faut avoir égard seulement, pour la grandeur du Théâtre, à la portée de la voix. Il seroit ridicule de faire un Théâtre si grand qu'on ne pût pas entendre commodément, comme il seroit ridicule de faire les ouvrages d'une forteresse si vastes qu'on ne pût pas les défendre.

Il est inutile d'objecter que les Théâtres des Anciens étoient fort spacieux ; car sans parler des vases de bronze qui renforçoient les voix, les Acteurs portoient des masques énormes, où l'air dilaté à l'entour de la bouche, faisoit le même effet que dans les Sarbacanes. Ainsi la portée naturelle de la voix s'étendoit de tous les côtés, & prenoit autant de degrés d'élévation & de force que l'Acteur le jugeoit à propos, sans faire des efforts bien pénibles. Mais parmi nous où ces moyens sont relégués comme contraires aux règles de la bonne Déclamation, & peut-être parce que nos Théâtres ne sont pas destinés, comme ceux des Anciens, à contenir tous les habitans d'une ville; il faut sçavoir garder en tout des proportions exactes, à moins qu'on ne voulût que les Acteurs forçassent leur voix pour se faire entendre, & qu'ils détruisissent par-là la vérité dans la Représentation.

Cependant comme les Architectes ne peuvent guères se départir des idées de grandeur & de magnificence qui frappent toujours les hommes dans les bâtimens, ils ont imaginé des moyens pour que les Salles de l'Opéra eussent une vaste étendue, & que les Spectateurs eussent en même-tems la facilité d'entendre & de voir par-tout également bien. Ils ont avancé de plufieurs pieds dans le Parterre le *Proſcenium*, c'eſt-à-dire, la partie du Théâtre qui eſt ſur le devant ; & ils ont cru que les Acteurs placés au milieu de l'Auditoire devoient ſe faire entendre d'un chacun.

Nous oſons dire que ce prolongement du Théâtre au-delà des bornes que la raiſon & la vraiſemblance lui preſcrivent, ne peut être approuvé que par ceux qui ſe contentent de tout, un peu trop aiſément. Les Acteurs doivent ſe tenir ou dans le fond ou dans le milieu du Théâtre, toujours parmi les Décorations, & le plus ſouvent loin des yeux des Spectateurs. Ils doivent faire partie du doux enchantement auquel tout ſe rapporte dans la repréſentation Théâtrale ; & préciſément on y contrevient directement, on en détruit totalement l'effet en les détachant des Décorations, & les tranſportant juſques dans le milieu du Parterre. Il arrive de-là qu'ils montrent le côté & même les épaules à tous ceux qui ſont placés dans les Loges avancées ſur le Théâtre. Il en réſulte bien d'autres inconvéniens, que nous n'avons pas le temps de détailler ; mais qui prouvent tous que cette invention, si vantée dans les commencemens, est un moyen de plus pour détruire l'effet des Représentations Lyriques.

Mais enfin, on s'est imaginé avoir surmonté tous les obstacles. Les Architectes persuadés qu'une Salle de Spectacle pouvoit être en même-temps & vaste & commode, ont cru que tout dépendoit seulement de la forme intérieure. Ils se sont alambiqués le cerveau pour trouver celle qui est la plus avantageuse. Après avoir résolu bien des problèmes, ils ont à la fin choisi parmi toutes les figures, celle qu'il étoit pourtant bien facile de trouver sans un si grand appareil de Géométrie ; je veux dire, celle d'une cloche profonde.

Selon ce système, l'avant-scène répondroit à la circonférence ou à l'ouverture de la cloche, & l'Acteur seroit placé au même endroit où le battant est suspendu : mais quelle analogie y a-t-il entre la cloche elle-même qui rend du son, & sa figure qu'on croit être la plus propre à le transmettre ? Nous convenons qu'une cloche concave répand en tout sens le son excité par le battant qui frappe sur les bords extrêmement évasés, &

qu'étant élevée, elle met facilement en mouvement l'air qui l'environne, & qui porte le son jusqu'aux oreilles. On ne peut pas cependant en inférer que la voix de l'Acteur doive avoir les mêmes effets, s'il est mis dans la position qui a été supposée.

Ces absurdités ne peuvent être soutenues que par ceux qui croyoient qu'un homme né, par exemple, sous le signe du Verseau devoit courir sur l'eau de très-grands risques, & qui étoient convaincus de la vérité de pareils rapports, lorsque la Philosophie étoit encore en proie à la barbarie de l'école. Pour nous, nous persistons toujours à dire que la figure de la cloche est impropre pour une Salle d'Opéra, parce qu'elle est trop resserrée, qu'elle fait perdre trop d'espace, & qu'elle dérobe à plusieurs Loges la vue entière de la Scène, sans parler de beaucoup d'autres inconvéniens qui en résultent.

Que si on demandoit par hasard quelle est la figure que nous adopterions, & qu'elle est la courbe la plus propre à disposer les Loges, nous répondrons que c'est la même dont se servoient les Anciens pour placer les Gradins dans leurs Théâtres, c'est-à-dire, le demi-cercle. De toutes les figures d'un périmètre égal, le cercle renferme le plus d'espace. De plus, les Spectateurs placés dans la circonférence d'un demi-cercle font tous tournés vers la Scène, de manière qu'ils la voyent dans son entier ; & tous étant également distans du centre, tous voyent & entendent également en quelque endroit que ce soit. Tant il est vrai que dans les Arts il faut revenir, après les plus longs détours, à ce qu'il y a de plus simple. Le demi-cercle n'a qu'un défaut inévitable dans la construction des Théâtres modernes ; c'est que la partie où se tiennent les Acteurs, ayant une forme très-différente de celle des Anciens, l'ouverture de la Scène est trop grande. Mais on peut y remédier, en changeant le demi-cercle en une demi-ellipse qui à-peu-près en a toutes les propriétés, & qui d'un autre côté fait un moindre axe pour l'ouverture de la Scène, & un plus grand pour l'étendue de l'emplacement.

Quant à la disposition des Loges, on ne sçauroit assez recommander celle qui fut inventée par Sighizzi, & qui plusieurs fois a été mise en pratique. Voici en quoi elle confiste. Il faut que les Loges, selon qu'elles font rangées depuis la Scène jusqu'au fond de la Salle, aillent toujours en s'élevant les unes plus que les autres, & qu'elles débordent dans la même proportion. De cette forte chaque Loge est beaucoup mieux tournée vers la Scène, & l'une n'empêche pas l'autre que les Spectateurs ne voient très-bien, fur-tout si les cloifons font percées à jour en forme de grille ou de rateau, ainfi qu'on le remarque dans le Théâtre Formagliari de Bologne, exécuté de cette manière par Sighizzi lui-même.

Les Loges étant ainfi difpofées, il reste encore à chercher le moyen de donner aux voix des Acteurs le plus grand effet poffible. Il est certain qu'elles ne font pas également répercutées, & qu'elles font étouffées par les ornemens qui prominent trop, & qui font entrelacés ou entaffés les uns fur les autres. Par conféquent il faut éloigner ceux qui repréfentent les ordres d'Architecture, pédanterie, j'ofe le dire, qui nous est venue du quinzième fiècle, dans lequel on ne faifoit ni table à écrire, ni armoire, fans y prodiguer tous les ordres qu'on remarque dans le Colifée.

Par la même raison il faut éloigner les pilaſtres & les colonnes qu'on place entre les Loges. Ils ſont inutiles, & d'un très-mauvais goût. Comme on ne peut leur donner que peu de hauteur, ils paroiſſent meſquins & écraſés; ils n'ont ni la grandeur, ni la dignité qui leur ſont eſſentielles. Les corniches & les architraves doivent être alors plus élevées que ne comporte la forme même de chaque Loge. D'ailleurs, comme ſelon les loix de l'Architecture, on doit donner aux ordres ſupérieurs plus de dégagement qu'aux inférieurs, les Loges paroiſſent avoir des hauteurs inégales; & dans ce cas, elles ſont comme autant de tours. L'intérieur de la Salle a l'air du *Septizonium*. On éloigne ſans néceſſité les Spectateurs des ſecondes & des troiſièmes Loges du point de vue, qui ſe prend de la Loge du milieu du premier rang. Enfin, les ornemens qui ſont ſi élevés ſe rétreciſſent, ſe rappetiſſent, ſe confondent dans l'éloignement, & l'on perd un eſpace qui pourroît être beaucoup mieux employé pour l'avantage des Spectateurs.

S'il étoit permis de haſarder notre ſentiment ſur la manière de décorer une Salle
d'Opéra,

d'Opéra (20) ; nous dirions sans craindre de révolter le goût des Modernes par des expressions qui vont leur paroître bien étranges, qu'il faudroit prendre pour modèle le grotesque qui se remarque dans les anciens tableaux, & le gothique qui lui ressemble beaucoup ; c'est-à-dire, qu'on devroit faire les soutiens des Loges fort minces ; parce que n'ayant à porter qu'un poids assez médiocre, il est presque impossible qu'elles s'affaissent. Les ornemens qui couronnent les Loges devroient être fort étroits, ou pour mieux dire, il suffiroit, afin de séparer un rang de Loges de l'autre, d'employer des bandes de bois légères & travaillées délicatement.

En effet, si dans un bâtiment quelconque l'Architecture doit être élégante, déliée, & ne présenter à l'œil rien de lourd & de massif, celle de l'intérieur d'une Salle de Spectacle doit, à plus forte raison, réunir toutes ces qualités. Il faut que les Spectateurs n'y soient point gênés, qu'ils puissent voir & entendre commodément. Par conséquent il faut sçavoir mettre à profit le coin qui paroît le plus inutile, l'espace quelque petit qu'il puisse être. Il est même nécessaire que les Spectateurs faſſent partie du Spectacle, & qu'ils ſoient dans un point de vue favorable, comme les livres dans les rayons d'une Bibliothèque, ou les diamans dans le chaton d'une bague. C'eſt par-là, ſur-tout, qu'eſt admirable le Théâtre de Fano, conſtruit par Jacques Torelli, lequel après avoir paſſé pluſieurs années en France, dans le ſiècle dernier, voulut à ſon retour illuſtrer ſa patrie par un monument qui donnât des preuves de ſon goût & de ſon habileté.

Nous ſommes très-perſuadés que la diſpoſition & les ornemens des Loges, fourniront auſſi-bien à l'Architecte l'occaſion de développer les talens, que tout le reſte de l'édifice. Il ne méritera pas moins des éloges, s'il ſçait garder les proportions exactes dans une charpente légère, que s'il ſçait embellir l'extérieur du Théâtre par des galleries commodes, par des eſcaliers bien tournés, par des ménagemens à propos, & par tout ce que l'Architecture a de plus grand & de plus majeſtueux. Je me ſouviens d'avoir vu, en Italie, deux deſſins pour un Théâtre, où tous les avantages que l'on peut deſirer pour la repréſentation de nos Pièces modernes se trouvent réunis avec toute la magnificence de l'ancien Spectacle des Grecs & des Romains. L'un de ces desseins est du Seigneur Témaza, homme rare, qui dans ses écrits donne une nouvelle vie à Sansovino & à Palladio; & l'autre est du Comte Jérôme du Pozzo, qui par ses ouvrages rappelle à Véronne, sa patrie, la mémoire des grands hommes qu'elle a produits. C'est à-peu-près selon cette idée, qu'à Berlin on a consacré depuis peu de temps à Apollon & aux Muses un Théâtre, qui est un des principaux ornemens de cette ville superbe.

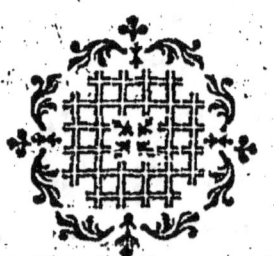

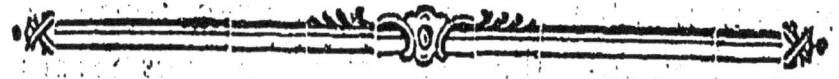

CONCLUSION.

Il y auroit bien d'autres choses à dire dans un sujet comme celui-ci, composé de tant de parties, dont chacune est importante en elle-même, & remarquable par des beautés infinies. Mais c'est assez pour moi que d'avoir exposé certaines idées générales, n'ayant eu d'autre dessein que de faire voir les rapports que doivent avoir entr'elles les différentes parties qui composent l'Opéra, afin qu'il en résulte un tout harmonieux & régulier. Cela même doit suffire pour qu'à la faveur d'un prince éclairé, on puisse un jour, peut-être, remettre dans son ancienne splendeur un Spectacle que tous les Beaux-Arts s'empressent d'embellir, & qui seroit digne à plusieurs égards de l'attention de ceux qui sont chargés du gouvernement. On verroit alors un Théâtre magnifique & bien décoré, devenir un lieu propre à recevoir une assemblée choisie & distinguée, où pourroient se trouver les Addisson, les Dryden, les Dacier, les

Muratori, les Gravina, les Marcelli. L'Opéra ne seroit plus une composition bizarre, monstrueuse & grotesque ; mais on y retrouveroit une vive image de la Tragédie Grecque. Orné par la Poésie, la Musique, la Danse, les Décorations & l'Architecture, il produiroit l'illusion, cette puissante souveraine du cœur humain ; & de mille plaisirs, il se formeroit un plaisir unique (*a*).

Mais comme le sujet, ainsi que nous l'avons dit au commencement, renferme essentiellement toutes les parties de l'Opéra, & qu'elles lui sont toutes subordonnées, j'ai cru devoir donner deux exemples, exécutés selon les règles que j'ai prescrites. L'un est Enée à Troye, esquissé légèrement ; &

(*a*) Il faut se rendre à ce palais magique,
 Où les beaux Vers, la Danse, la Musique,
 L'art de tromper les yeux par les couleurs,
 L'art plus heureux de séduire les cœurs
 De cent plaisirs fait un plaisir unique.
(M. de Voltaire, dans le Mondain. (*Note de l'Auteur.*)

l'autre, Iphigénie en Aulide, développé dans tous ses détails. Obligé par les circonstances de traiter ce dernier drame en François, j'ai pris le parti de le laisser dans cette langue, devenue aujourd'hui si commune en Europe, que tout homme bien élevé la possède comme la sienne propre.

Le sujet d'Enée à Troye, n'est autre chose que le second Livre de l'Enéide mis en action, avec très-peu de changemens, afin que tout se rapportât au Héros, selon les règles du Poëme Lyrique. Je n'ai pas la gloire d'avoir inventé le sujet d'Iphigénie en Aulide (a). Euripide l'a traité autrefois sur le Théâtre d'Athènes, & le tendre Racine l'a l'approprié au Théâtre François. Dans quelques parties du Drame, j'ai suivi l'ancien Poëte, & dans d'autres le moderne. Je n'ai pas fait difficulté de m'éloigner de l'un, en certaines choses, pour rendre l'action plus simple ; & de l'autre,

---

(a) Une Iphigénie en Aulide a été représentée avec un grand succès sur le Théâtre-Royal de Berlin. (*Note de l'Auteur.*)

pour conserver le même caractère dans Iphigénie. Elle aime la vie par un sentiment naturel ; mais comme Grecque & comme Princesse du Sang Royal, elle va à la mort avec courage. Elle n'est pas timide & suppliante au commencement de la Pièce, & par un changement subit, elle ne paroît pas toute autre à la fin, ainsi que la représente Euripide, qu'Aristote blâme avec raison dans sa Poétique, à cause de l'inégalité & de la différence du costume.

Lorsque j'ai suivi Racine, je me suis servi, autant que j'ai pu, de ses propres paroles ; lorsque j'ai suivi Euripide, je me suis servi de la Traduction du P. Brumoi, persuadé que le Poëte Grec ne pouvoit être mieux rendu en François. Dans le reste, j'ai suppléé du mien, de maniere cependant que la Pièce entière n'eût pas l'air d'une mosaïque. Mon dessein a été en produisant ces deux Exemples, qui prêtent du corps à mes idées, & qui les font mieux paroître, de mettre un chacun à portée de juger si les règles que je propose sont praticables ou non. Mais peut-être serai-je regardé comme cet homme, qui après avoir donné de très-belles leçons sur la Tactique, ne sçavoit pas faire faire à *droite* à vingt soldats.

Fin de l'Essai sur l'Opéra.

AVERTISSEMENT.

Le Traducteur de cet Essai a balancé long-temps, pour sçavoir s'il feroit imprimer les deux Opéra suivans. Il craignoit avec quelque espèce de fondement, qu'on ne le blâmât de présenter au Public des Poëmes Lyriques en prose, dont le plus considérable a été écrit par un étranger dans la Langue Françoise. Il ne jugeoit pas que les raisons apportées par le Comte Algarotti, bonnes peut-être pour des Lecteurs Italiens, pûssent être de la même valeur auprès des Lecteurs François. Mais rassuré par les suffrages de quelques Personnes de goût qu'il a consultées, il ne fait plus difficulté de les soumettre aux yeux du Public. D'ailleurs, il a trouvé dans ces Opéra une conduite régulière, un intérêt soutenu, des passions énergiques, & des caractères bien deſſinés. Il eſt très-perſuadé que ſi quelque Poëte veut les arranger ſelon le coſtume de notre Theâtre, & ſi la Muſique eſt dans le genre qui convient, ils joüiront d'un ſuccès infaillible.

ÉNÉE A TROYE.

OPÉRA.

ÉNÉE A TROYE.
OPÉRA.

*.... Quæque ipse miserrima vidi,
Et quorum pars magna fui.*
                    Virg. Enéid. Liv. 2.

Les Personnages sont Enée, Priam, Pâris, Anchise, Jule, Sinon, Pyrrhus, Calchas, Cassandre, Hécube, Creüse ; & les Chœurs sont composés d'hommes & de femmes Troyennes, de Dieux amis & de Dieux ennemis de Troye.

La Scène du premier Acte représente la campagne des environs de Troye, avec le cheval d'un côté. Priam sort de la ville à la tête des principaux Troyens, & célèbre la fuite des Grecs & la délivrance de sa patrie. Ce vieillard triomphe à la vue du camp défert des ennemis, & du port délivré de leurs vaiſſeaux. *Ici étoit le camp des Grecs, dit-il, là ſe livroient les combats.*

Hic ſævus tendebat Achilles.

A ces paroles Hécube ſe lamente ſur le ſort d'Hector égorgé, déchiré & traîné par les chevaux d'Achille autour des murailles de Troye. Le Chœur la conſole, en chantant avec Priam la fuite des Grecs, de la honte deſquels le cheval conſacré à Minerve ſera un éternel monument. Au milieu des chants du Chœur & des danſes ſort Caſſandre, dont les prophéties n'étoient jamais crues. Elle prédit que ce jour eſt le dernier jour de Troye, & conſeille de jetter le cheval dans la mer.

Timeo Danaos & dona ferentes.

Enée aborde Caſſandre, & ſe joint à elle pour qu'au moins on examine ſi dans les flancs du cheval, il ne ſe trouve point quelque ruſe cachée des Grecs. Priam conjure les Dieux tutélaires de Troye de lui inſpirer le parti le plus ſage qu'il y ait à prendre ;

pendant ce temps-là on sacrifie au Dieu du fleuve Xanthe & aux Nymphes du mont Ida, qu'on invite à descendre de la montagne pour se joindre à Vénus, qui, parmi les chants d'allégresse, se prépare à diriger leurs danses dans les lieux où peu auparavant Mars conduisoit les fiers bataillons parmi les cris & les hurlemens.

Au second Acte, Sinon est conduit prisonnier devant le Roi, & tient le discours où Virgile a si bien rendu en vers Latins l'éloquence Grecque. En vain Enée s'oppose à ce qu'on introduise le cheval dans Troye: l'art de Sinon triomphe des Troyens.

Quos neque Tydydes, nec larissæus Achilles,
Non anni domuere decem, non mille carinæ.

Pâris, une Lyre à la main, entonne un Hymne à l'honneur de Minerve & de Vénus reconciliées ensemble, tandis qu'on abbat un pan de mur pour introduire le cheval dans la ville; & il y entre, tiré par les Troyens, au milieu des danses & des chants de joie.

..... Circum pueri innuptæque puellæ
Sacra canunt, funemque manu continge gaudent.

Le troisième Acte commence par Enée, qui, vers les premières veilles de la nuit, épouvanté d'un songe durant lequel il a vu Hector tout sanglant, vient à sa tombe, y jette des offrandes, plaint le malheureux destin de sa patrie, atteste les Dieux qu'il a fait tout ce qui dépendoit de lui pour qu'on ne fît pas entrer le fatal cheval dans Troye, & leur demande la force qu'ils donnerent à Hector, lorsqu'il brûla les vaisseaux des Grecs, afin que si sa patrie doit périr, elle ne reste pas sans vengeance. De-là il court au palais de Priam. Alors la Scène change, & représente une place devant le Temple de Pallas, où le cheval est placé. Sinon raconte à Calchas & à Pyrrhus, sortis des flancs du cheval, comment son artifice a réussi par l'opposition même d'Enée ; il montre combien il est nécessaire, avant tout, de se défaire de ce héros, qui, depuis la mort d'Hector, est le plus redoutable guerrier dont Troye se vante. Pendant ce temps-là on voit sortir du cheval quelques Grecs. Calchas les anime en peu de mots à mettre le feu à la ville, & à voix basse il entonne un cantique, auquel les Grecs répondent aussi à voix basse.

Vers

Vers la fin du Cantique, le Chœur commence un combat au fond du Théâtre, entre les soldats de la forteresse & les Grecs sortis des flancs du cheval, qui veulent s'emparer de cette forteresse. Le tumulte augmente par l'arrivée des nouvelles troupes Grecques. Sur le devant du Théâtre, Calchas & Sinon invoquent Pallas à haute voix; & dans leur chant, on entend se mêler, de temps en temps, les cris des blessés & des mourans.

La Scène du quatrième Acte est dans la cour du palais de Priam.

Ædibus in mediis, nudoque sub ætheris axe
Ingens ara fuit, juxtaque veterrima laurus
Incumbens aræ, atque umbra complexa penates.

Là se trouve Hécube avec quelques Troyennes, qui, remplies de frayeur & supliantes, embrassent les Statues des Dieux. On voit entrer d'un côté le vieux Priam, qui peut à peine se soutenir, accablé par le poids des armes dont il a voulu se revêtir. A peine Hécube l'apperçoit, qu'elle court le placer dans le siège Sacré auprès de l'Autel; & lui adresse ces mots:

.... *Quæ mens tam dira, miserrime conjux,*

Impulit his cingi telis, aut quo ruis?....
Non tali auxilio, nec defensoribus istis,
Tempus eget, &c.

Si quelqu'un peut défendre Troye, ce sera, sans doute, Enée qui est occupé à la défense de la tour du palais, & qui par le massacre d'une infinité de Grecs a déja vengé la patrie. Une des femmes, les plus distinguées, rappelle comment le meilleur parti auroit été de suivre le conseil d'Enée, & les prédictions de Cassandre. Sur ces entrefaites, on entend un bruit affreux, qui est causé par la chûte de la tour. Hécube adresse une prière aux Dieux pour qu'ils veuillent préserver de l'esclavage la femme de Priam & la reine. A peine les autres femmes reprennent-elles cette prière, que Pyrrhus entre en poursuivant Polités, qui tombe mort aux pieds de son père. Suit l'entretien de Priam avec Pyrrhus, qui se trouve en entier dans Virgile. Ensuite Priam,

.... Telum imbelle sine ictu
Conjicit, &c.

Pyrrhus lui répond, comme dans Virgile,

& le tue. Les femmes jettent de grands cris. Il les fait conduire aux vaisseaux, & sort pour chercher Enée. Celui-ci entre par un autre côté. Il voit Priam mort ; il déplore en peu de mots sa triste destinée.

Hic finis fatorum Priami, &c.

Mais il se souvient du vieux Anchise & du petit Jule. Déterminé toutefois à s'ensevelir sous les ruines de sa patrie, & à exercer quelque vengeance ou sur Hélène, ou sur Sinon, il apperçoit Vénus, qui, dans le fond du Théâtre, lui montre les Dieux ennemis de Troye, tous conjurés pour la détruire. Enée part, & vient un Chœur de ces Dieux, avec un Ballet des Furies.

Dans le cinquième Acte on voit dans la maison d'Enée cette belle dispute, rapportée par Virgile, entre Anchise qui veut rester & mourir, & Enée qui veut sauver son père des mains des Grecs. Ne pouvant le persuader à prendre la fuite, il reprend les armes ; il veut sortir de nouveau pour aller attaquer les Grecs, malgré Creüse & Jule qui cherchent à le retenir. Tout-à-coup paroît un prodige. Une flamme descend du

ciel fur la tête de Jule, fans lui faire du mal.
Il tonne à gauche. Enfin, Anchife confent
à la fuite. La Scène change, & repréfente
l'horrible fpectacle d'une ville démantelée &
à moitié enfévelie dans les flammes.

.... *Fumat humo Neptunia Troja.*

Chœur de Troyens qui déplorent leurs
calamités, & de Grecs, dont Calchas eft le
Coryphée, qui infultent aux Troyens dans
leur marche. Après leur fortie, entre Enée,
qui cherche & qui appelle Creüfe qui s'eft
égarée dans fa fuite. Elle lui apparoît & lui
annonce fes longs voyages, enfuite l'établif-
fement d'un nouvel empire. Cependant, à
travers la fumée qui s'élève des flammes de
Troye, on voit briller dans le fond du
Théâtre, le Capitole tout doré, & le Spectacle
eft terminé par un Chœur de Dieux, & par
un Ballet des Génies protecteurs de Rome.

Fin d'Enée à Troye, Opéra.

IPHIGÉNIE

EN AULIDE.

OPÉRA.

Quot victimæ in unâ !

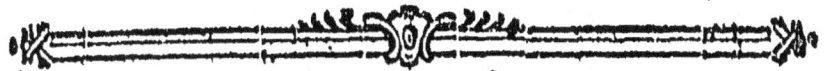

ACTEURS.

AGAMEMNON.

ACHILLE.

ULYSSE.

CLYTEMNESTRE, Femme d'Agamemnon.

IPHIGÉNIE, Fille d'Agamemnon.

CALCHAS, Grand-Prêtre.

ARCAS, Domestique d'Agamemnon.

TROUPE de Soldats d'Agamemnon.

TROUPE de Filles Grecques.

TROUPE de Filles consacrées à Diane.

TROUPE de Prêtres.

TROUPE d'Esclaves, de Captives, & de Soldats d'Achille.

IPHIGÉNIE EN AULIDE (a).
OPÉRA.

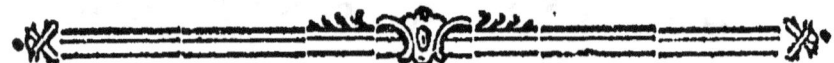

ACTE PREMIER.

Le Théâtre repréſente le camp des Grecs près de la ville d'Aulide. La flotte Grecque paroît ſur la mer dans le fond. Sur le devant, on voit la tente d'Agamemnon. Le Théâtre eſt d'abord ſombre, & s'éclaire peu-à-peu.

SCÈNE PREMIÈRE.
AGAMEMNON ET ARCAS.

AGAMEMNON.

Viens, Arcas; ſuis moi.

ARCAS.

Quoi ! Seigneur, vous devancez l'aurore !

(a) Le ſujet de cet Opéra eſt ſi varié, ſi fécond,

vos yeux font ouverts, tandis que les oifeaux, les vents & l'Euripe, tandis que tout eft encore dans le filence.

---

fi heureux, fi propre à la pompe & à la magnificence de ce genre de Spectacle, que M. le Chevalier Glouk, un des plus célèbres Muficiens de ce fiècle, a cru devoir le choifir de préférence pour donner une idée de fes talens, & pour prouver en même-temps qu'on peut faire de bonne Mufique fur des paroles Françoifes. Perfuadé que notre Langue peut fe prêter auffi-bien que l'Italienne, à toutes les beautés de la mélodie; il a fait repréfenter cet Opéra d'Iphigénie, mis en vers François, fur le Théâtre de Vienne, au mois d'Août 1772. Il a eu le plus grand fuccès dans un pays où l'on ne fçavoit jufqu'à préfent qu'admirer les chefs-d'œuvres de Métaftafio, embellis par la Mufique des plus grands maîtres de l'Italie. Que peuvent repliquer à cela les détracteurs de la Mufique Françoife, furtout lorfqu'un étranger, qui agit fans intérêt & fans paffion, lui rend fi hautement juftice? Il feroit bien à defirer que les Directeurs de l'Opéra de Paris vouluffent fe rendre aux defirs que M. le Chevalier Glouk a témoigné de faire repréfenter fa Pièce fur le Théâtre confié à leurs foins. Ils pourroient être affurés du fuffrage des vrais amateurs; & nous ofons ajoûter qu'ils auroient une belle occafion de contribuer à la gloire de la Nation, & de la venger du

OPÉRA.

AGAMEMNON.

Heureux ceux qui loin des honneurs vivent sans gloire & sans soucis !

ARCAS.

O ! Agamemnon, vous, qui êtes issu du sang de Jupiter, qui vous trouvez à la tête de l'armée, de vingt rois & de mille vaisseaux que la Grèce a assemblés contre l'Asie, depuis quand tenez-vous ce langage ? Achille fils d'une Déesse, le plus vaillant des Grecs, celui qui doit renverser la superbe Troie ; Achille recherche en mariage votre fille, la belle Iphigénie. Que vous reste-t-il à demander aux Dieux ? Il est vrai qu'un long calme..... Mais, hélas ! quels pleurs vois-je couler de vos yeux attachés sur ce billet ! Pleurez-vous Oreste, Clytemnestre ou Iphigénie ?

AGAMEMNON.

Non, tu ne mouras point ; je n'y sçaurois consentir.

---

reproche qu'on lui a fait de n'avoir & de ne pouvoir pas même avoir de bonne Musique. *Voyez une Lettre insérée dans le second volume du Mercure d'Octobre 1772.*

ARCAS.

Seigneur.....

AGAMEMNON.

Tu fçais qu'il y a trois mois que nous étions prêts à faire voile de l'Aulide, lorsque ce calme qui nous retient encore, nous ferma le chemin de Troye. Frappé de ce prodige, j'interrogeai Calchas : il consulta Diane qu'on adore en ces lieux. Mais que devins-je, Arcas, lorsqu'on me répondit, que pour m'ouvrir le chemin de Troye, il falloit sacrifier Iphigénie ?

ARCAS.

Votre fille !

AGAMEMNON.

Que te dirai-je, Arcas ? victime de l'ambition, & pressé par Ulysse, je consentis, après mille combats, à sacrifier ma fille. Mais quel artifice a-t-il fallu chercher pour l'arracher des bras d'une mere ? J'empruntai le langage d'Achille son amant. J'écrivis à Argos qu'il ne vouloit pas partir pour Troye que l'hymen n'eût couronné ses feux ?

ARCAS.

Et croyez-vous, Seigneur, que le bouillant Achille souffre qu'on abuse de son nom, sans voler à la vengeance ?

AGAMEMNON.

Il étoit absent alors. Tu te souviens que Pélée son pere, assailli dans son propre royaume, l'avoit rappellé. On auroit cru que cette expédition auroit dû le retenir long-temps. Mais qui peut résister à ce foudre de guerre ? Il se montra, vainquit, & hier il revint en Aulide. Mais de plus puissans motifs me retiennent. Moi, je serai le boureau d'une fille que le sang, la jeunesse, sa tendresse pour moi, & mille vertus me rendent sacrée ! Non, les Dieux n'approuveroient point ce sacrifice. Ils ont voulu seulement m'éprouver, & me condamneroient si je leur livrois la victime qu'ils demandent. Arcas, cours au-devant de la Reine ; rends-lui ce billet, & que tes discours s'accordent avec ce que j'écris. Je lui mande qu'Achille ne soupirant qu'après la gloire, veut différer cet hymen jusqu'à son retour de Troye. Va, cours, prends un guide fidèle. Si ma fille met le pied dans l'Aulide, elle est morte. Sauve-là d'Ulysse, de l'Armée, de Calchas, de la Religion ; sauve-là de ma propre foiblesse.

Arcas.

Comptez sur moi, Seigneur; je vole pour vous obéir.

Air.

Agamemnon.

Suspends ta colère, ô chaste Déesse ! ne souille pas tes Autels du sang d'une mortelle qui a toujours suivi tes loix..... Mais on entre. C'est Achille : Dieux ! Ulysse le suit.

SCENE II.

AGAMEMNON, ACHILLE, ULYSSE.

Agamemnon.

Quoi, Seigneur, se peut-il que vos triomphes soient si grands & si rapides ! La victoire vous a précédé dans la Thessalie, & vous suivez de près la renommée dans l'Aulide : sur votre passage vous avez soumis Lesbos, cette isle puissante, alliée des Troyens ; & ces grands exploits ne sont encore que les amusemens d'Achille.

Achille.

Seigneur, puisse bientôt le ciel, qui nous

arrête, ouvrir un champ plus noble à mes
destinées ! Mais que me faut-il croire d'un
bruit qui me surprend, & qui me met au
comble de mes vœux ? On dit qu'Iphigénie
va bientôt arriver en ces lieux, & que je
vais être le plus heureux des mortels.

AGAMEMNON.

Ma fille ! qui vous a dit qu'elle devoit
arriver ?

ACHILLE.

Qu'a donc ce bruit qui doive vous étonner ?

AGAMEMNON.

Ciel ! sçauroit-il mon artifice. (*à Ulysse.*)

ULYSSE.

Agamemnon s'étonne avec raison. Quoi ?
tandis que le ciel est en courroux contre les
Grecs, qu'il faut fléchir les Dieux, qu'il
leur faut du sang, & peut-être le plus précieux ; Achille, le seul Achille ne songe qu'à
l'amour.

ACHILLE.

Dans les champs de Troye les effets feront voir qui chérit plus la gloire, ou Ulysse,
ou moi. Vous pouvez maintenant consulter
à loisir les victimes sur le silence des vents,

Pour moi, qui de ce foin me repofe fur Calchas, fouffrez, Seigneur, que je preffe un hymen dont dépend mon bonheur. Je fçaurai bien réparer devant Troye les momens que l'amour me demande en Aulide.

AGAMEMNON.

O ciel! pourquoi faut-il que tu fermes le chemin de l'Afie à de tels héros ? N'aurois-je vû tant de valeur que pour m'en retourner avec plus de confufion !

ULYSSE,

Dieux, qu'entends-je ?

ACHILLE.

Qu'ofez-vous dire ?

AGAMEMNON.

Qu'il faut abandonner votre entreprife. Les vents nous font refufés : le ciel protège Troye ; les Dieux par trop de préfages fe déclarent en fa faveur.

ACHILLE.

Quels font donc ces préfages ?

AGAMEMNON.

Vous-même, Seigneur, fouvenez-vous de ce que les Oracles ont prédit de vous.

ACHILLE.

Les Parques, il eft vrai, ont prédit à ma

mere que je pouvois choisir, ou une vie longue & sans gloire, ou peu de jours suivis d'une gloire immortelle. Achille n'a pas balancé. Couronné par l'Hymen, je cours à Troye. J'y mourrai ; mais je n'y mourrai point tout entier.

Air.

Les Troyennes répéteront mon nom, en reconnoissant ma valeur dans les blessures de leurs époux ; & Achille deviendra l'objet des éloges de la postérité.

SCENE III.

AGAMEMNON ET ULYSSE.

AGAMEMNON.

Helas !

ULYSSE.

Achille, Seigneur, auroit-il changé vos desseins ?

AGAMEMNON.

Ni Achille, ni Ajax, ni Diomède, ni tous les Rois qui sont dans l'armée ne pouroient faire changer un deſſein qu'Agamemnon auroit pris.

ULYSSE.

Que faut-il donc que j'augure de ces ſoupirs & de vos diſcours ? une nuit a ébranlé votre conſtance, & a détruit l'ouvrage de tant de jours.

AGAMEMNON.

Non, Seigneur, je ne ſçaurois croire que les Dieux demandent une telle victime.

ULYSSE.

Que dites-vous, Seigneur ? Calchas a expliqué clairement les ordres des Dieux, lui qui eſt le dépoſitaire & l'interprête fidèle de leurs ſecrets.

AGAMEMNON.

Les ordres des Dieux ſont obſcurs, & ſouvent impénétrables aux mortels.

ULYSSE.

Quoi ? Seigneur, vous devez votre fille à la Grèce ; vous nous l'avez promiſe. Mais que dis-je, à la Grèce ? vous la devez à vous-même ; & pour qui allons-nous donc courir aux campagnes du Xanthe, pour qui abandonnons-nous nos femmes, nos enfans, nos royaumes, ſi ce n'eſt pour venger

l'honneur

l'honneur des Atrides? Votre voix puissante nous a assemblés ; les suffrages de vingt rois, qui pouvoient tous vous disputer le rang suprême, vous ont mis à la tête de l'armée : & le premier ordre du général est de refuser la victoire ! le premier conseil du chef de la Grèce est de renvoyer les Grecs qu'il a assemblés !

AGAMEMNON.

Ah ! Seigneur, que loin du malheur qui m'accable vous vous montrez aisément magnanime. Mais si vous entendiez condamner votre fils Télémaque, s'il devoit approcher de l'autel ceint du fatal bandeau, vous changeriez de langage, vous croiriez moins les Oracles : je vous verrois courir, & vous jetter entre Calchas & lui.

Duo.

AGAMEMNON.

Voyez ma fille expirante, entre les sanglots & les larmes, verser son sang innocent sous un couteau impie.

Que la piété du pere attendrisse votre ame.

ULYSSE.

Voyez la superbe Troye, parmi nos chants de victoire, plongée dans les flammes sous nos flambeaux vengeurs.

Que les sentimens de héros triomphent dans votre cœur.

I

AGAMEMNON.

Eh bien, Seigneur, j'ai donné ma parole; & si ma fille vient, je consens qu'elle périsse. Mais si, malgré mes soins, son destin heureux la retient dans Argos, ou bien l'arrête en chemin, souffrez que j'explique cet obstacle comme un arrêt du ciel, & que j'accepte le secours de quelque Dieu favorable que sa piété, son innocence & son âge auront intéressé à son salut...... Mais quels sons frappent mon oreille ?

(*On entend de loin une symphonie guerriere, & l'on voit paroître sur un char Clytemnestre & Iphigénie, accompagnées de femmes Grecques & de soldats, qui les ont reçues à l'entrée du camp.*)

Dieux ! C'est elle-même. Dans l'état où je suis, je me dérobe à ce funeste spectacle.

SCENE IV.
ACHILLE, CLYTEMNESTRE, IPHIGÉNIE ET LE CHŒUR.

Le Chœur.

Non, la belle Hélène, que l'insolent Pâris a enlevé à Ménélas, n'étoit pas plus belle qu'Iphigénie que l'hymen doit unir au vaillant Achille. (*Tandis que le Chœur chante, Clytemnestre & Iphigénie descendent du char aidées des femmes Grecques.*)

Ulysse.

Venez, & que l'appareil du camp n'effraye point vos yeux.

Clytemnestre.

Mes yeux cherchent en vain Agamemnon, qu'ils auroient dû voir le premier.

Iphigénie.

Quel malheur, hélas ! le tient éloigné de nous, Seroit-ce que nous serions arrivées contre son gré ?

Ulysse.

Les soins de l'armée le dérobent un moment à votre vue. Mais vous, Iphigénie, venez, montrez-vous aux soldats comme un astre favorable à la Grèce.

LE CHŒUR.

Non, la belle Helène, que l'insolent Pâris a enlevé à Ménélas, n'étoit pas plus belle qu'Iphigénie que l'hymen doit unir au vaillant Achille.

Un d'entre le CHŒUR.

Comme l'étoile du matin brille parmi les feuillages d'une forêt, telle est Iphigénie parmi les lances & les javelots de cette armée.

(*Les Chants seront entre-mêlés de Danse, qui sera composée de femmes Grecques & de Soldats*).

Un autre d'entre le CHŒUR.

Pere fortuné, heureuse mere, à qui Iphigénie a souri en voyant le jour ?

Deux d'entre le CHŒUR.

Achille plus heureux encore, qu'elle va satisfaire par sa tendresse !

LE CHŒUR.

Non, la belle Hélène, que l'insolent Pâris a enlevé à Ménélas, n'étoit pas plus belle qu'Iphigénie que l'hymen doit unir au vaillant Achille.

ACTE II.

Le Théâtre repréfentente une Colonnade, au travers de laquelle on voit des Jardins.

SCENE PREMIERE.

AGAMEMNON *feul*.

Ciel ! Arcas a manqué le chemin d'Argos, & la colère des Dieux a confondu toute ma prudence. O jour fatal ! ma fille eft arrivée ; je vois Ulyffe & Ménélas, je vois déja Calchas me la demander au nom de la Grèce & des Dieux. Mais la voci elle-même ; évitons-la.

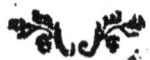

SCENE II.

AGAMEMNON et IPHIGÉNIE.

IPHIGÉNIE.

Seigneur, quoi, vous me fuyez ? Eh ! quels soins vous dérobent sitôt à votre fille ? Mon respect tantôt a fait place aux transports de la reine. Ne puis-je vous arrêter un moment à mon tour ? ne puis-je....

AGAMEMNON.

Eh bien, embrassez votre pere, ma fille ; il vous aime toujours.

IPHIGÉNIE.

Que cet amour me comble de joie ! quel plaisir de vous contempler dans ce nouvel éclat, environné de gloire & d'honneurs !

AGAMEMNON.

Vous méritez un pere plus heureux.

IPHIGÉNIE.

Quelle félicité peut vous manquer ? J'ai cru n'avoir que des graces à rendre au ciel.

AGAMEMNON. (*à part.*)

Grands Dieux, dois-je la préparer à son malheur !

IPHIGÉNIE.

Seigneur, vous vous cachez & semblez soupirer, tous vos regards ne tombent qu'avec peine sur moi. Aurions-nous abandonné Argos sans votre ordre ?

AGAMEMNON.

Hélas ! ma fille, je vous vois toujours des mêmes yeux. Mais le temps aussi-bien que les lieux sont changés. Ma joie est combattue par des soins bien cruels.

IPHIGÉNIE.

Ah ! mon pere, que votre rang soit oublié à ma vue. Que je retrouve en vous ces soins, cette tendresse que vous avez pour moi. On dit que Calchas va offrir aux Dieux un sacrifice solemnel.

AGAMEMNON. (*à part.*)

Dieux cruels !

IPHIGÉNIE.

Me sera-t-il permis, Seigneur, de me joindre à vos vœux ? la Grèce verra-t-elle à l'autel votre heureuse famille ?

AGAMEMNON.

Hélas !

IPHIGÉNIE.

Mon pere, vous vous taifez.

AGAMEMNON.

Vous y ferez, ma fille.

Duo.

IPHIGÉNIE.	AGAMEMNON.
Périffe le Troyen, auteur de nos alarmes.	Que de larmes fa perte va coûter aux vainqueurs !

IPHIGÉNIE.

Ah ! mon pere, expliquez-vous.

AGAMEMNON.

Je ne fçaurois t'en dire davantage.

IPHIGÉNIE.

Dieux Cruels ! ne ferez-vous point attendris ?

Tous deux emfemble.

Périffe le Troyen, auteur de nos alarmes.

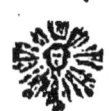

SCENE III.

IPHIGÉNIE.

Quel trouble, ô Dieux ! vient de jetter dans mon cœur le froid accueil de mon pere ! Que dois-je augurer de ces regards sombres, de ces mots entre-coupés, de ces soupirs, de ces pleurs que ses yeux retenoient à peine ! Hélas ! que cet accueil est différent de celui que la douce espérance me promettoit dans Argos ! Je verrai, disois-je en moi-même, mon pere, rempli de joie, venir au-devant de nous, recevoir mes embrassemens, me tendre les bras. A ses côtés seront Ménélas, Diomède, Ajax, Achille le fils de la Déesse, le plus vaillant des Grecs, qui .... Hélas ! mon pere me fuit, personne ne paroît, tout est dans l'abbattement & dans le silence...... O Déesse, qu'on revère dans cette contrée, si votre culte m'a été cher ; si mes sacrifices ont été purs.....

SCENE IV.

IPHIGÉNIE, CLYTEMNESTRE.

CLYTEMNESTRE.

Ah ! ma fille, fous quel aftre malheureux fommes-nous parties d'Argos ! Quel accueil votre pere & mon époux nous a-t-il fait !

IPHIGÉNIE.

Les foins de l'Etat & de la guerre l'abforbent maintenant, & le font paroître moins fenfible & moins tendre.

CLYTEMNESTRE.

Non, non : il y a quelque autre chofe que je fçaurai pénétrer : je fçaurai tout d'Arcas, de cet efclave fidèle que m'a donné Tindare mon pere, & qui a fuivi Agamemnon à l'armée. Qu'il tarde de s'offrir à mes yeux ! Mais, ma fille, quels foins fi preffans peuvent donc retenir Achille ? C'eft à fon nom qu'Agamemnon nous a fait venir en Aulide. Quels ennemis a-t-il maintenant à combattre ? la mer nous fépare de Troye, des fils de Priam, & du vaillant Hector. Ne vous a-t-il pas demandée comme le prix du sang qu'il doit verser aux bords du Xanthe? Que ne vient-il recevoir ce prix qu'il a tant souhaité?

IPHIGÉNIE.

Hélas ? de quels malheurs les Dieux menacent-ils la race de Tantale !

Air.

CLYTEMNESTRE.

Quoique femme, au milieu d'une armée, je sçaurai bien me venger & d'Agamemnon & d'Achille.

Celui qui aura offensé ma dignité, ne pourra jamais se vanter d'être impuni.

IPHIGÉNIE.

Dieux ! seroit-ce Achille lui-même ? on l'accusoit à tort.

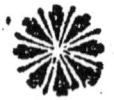

SCENE V.
IPHIGÉNIE, CLYTEMNESTRE, ACHILLE.

(*Achille est suivi d'une Troupe de Soldats couronnés de lauriers, de Captives Lesbiennes, & d'Esclaves qui portent des trophées, des vases, des trépieds & d'autres dépouilles de l'ennemi.*)

ACHILLE.

Princesse, le bonheur d'Achille est entre vos mains. Puissé-je bientôt faire voir par les exploits que les Dieux ont promis à mon bras, qu'Achille n'étoit pas indigne des vœux de la fille d'Agamemnon ! & vous, Madame, Thétis ne pourroit que s'applaudir que j'associe à une Déesse la femme du Roi des Rois.

CLYTEMNESTRE.

Seigneur, puisse ce jour être aussi heureux qu'il est doux à mon cœur ! & puisse ma fille faire revivre Achille dans votre postérité !

Iphigénie.

Quelque sort que les Dieux me préparent, Iphigénie sera trop heureuse d'avoir eu place à côté de la gloire dans le cœur d'Achille.

Achille.

Souffrez que je vous présente dans ces dépouilles de Lesbos les premiers tributs de ma valeur : & vous, [*aux Captifs*] apprenez à connoître votre souveraine & la mienne.

Chœur des Captives.

Le bras d'Achille a triomphé de Lesbos; les yeux d'Iphigénie ont triomphé de notre vainqueur. Célébrons à jamais le pouvoir de l'amour.

Chœur des Grecs.

L'heureux Achille va bientôt sur son casque brillant entrelasser les lauriers de Mars avec les myrthes de l'Hyménée.

Une d'entre le Chœur des Captives.

O Simoïs, ô Xanthe, fleuves sacrés ! fleuves chéris des troupeaux & des bergers, des Dieux ennemis vont désoler vos rivages, vos eaux vont être ensanglantées par la lance fatale du belliqueux Achille.

Un d'entre le Chœur des Grecs.

Il vengera les Dieux de l'hospitalité que Pâris offensa dans la maison de ses alliés : il vengera les maux que les sons efféminés de la flûte Phrigienne ont causés sur les bords de l'Eurotas.

Tous.

Le bras d'Achille a triomphé de Lesbos ; les yeux d'Iphigénie ont triomphé du vainqueur. Célébrons à jamais le pouvoir de l'amour. [*On Danse.*]

ACTE III.

Appartemens du Palais.

SCENE PREMIERE.

AGAMEMNON.

Air.

Douce espérance, présent des Dieux qui soulage les mortels des maux qu'ils souffrent par l'attente des biens qu'ils désirent: vous, qui habitez avec tous les hommes, douce espérance, ne m'abandonnez pas.

Les barbares qui aiment le carnage, peuvent attribuer à la Divinité leurs féroces inclinations. Mais je ne sçaurois penser que les Dieux soient capables d'un crime. J'entendrai bientôt moi-même leur voix. Assez, & trop long-temps les Grecs ont été abusés par la voix des Devins. Sujets à se tromper, comme les autres mortels, la crédulité du vulgaire fait toute leur science. Mais, hélas ! d'où vient que je tremble d'interroger cet Oracle fatal ? Si pourtant il demande ma fille, je ne sçaurois reculer sa mort d'un moment ! Ah ! Voici Ulysse. Dieux ! que je crains son approche.

SCENE II.
AGAMEMNON ET ULYSSE.

ULYSSE.

Venez, Seigneur, & reconnoissez ce nouveau gage de l'amitié d'Ulysse. Tout ce que j'avois prévu est arrivé. Calchas a reçu votre demande avec indignation. Quoi ? disoit-il, la religion est prophanée ; nul respect pour les ordres des Dieux : & l'on croit que ces Dieux nous seront favorables aux Champs de Troye ! & c'est le chef qui donne, à la Grèce assemblée, cet exemple d'irréligion !

AGAMEMNON.

Il voudroit en effet, ce Chalcas, être
lui-même

lui-même le chef suprême de la Grèce, commander l'armée & vingt rois par ses divinations & ses prestiges. Prophète sinistre, il n'a jamais annoncé que des malheurs, & il n'a jamais rien fait digne de louange.

ULYSSE.

Je crois, Seigneur, que j'aurois plutôt persuadé Pâris de rendre Hélène, que je n'aurois persuadé Calchas de vous introduire dans le Temple. Mais enfin les sentimens de pere, les vertus d'Iphigénie, votre amour pour le bien public, votre soumission dès que vous aurez entendu les ordres du ciel; les Dieux, en un mot, m'ont dicté le discours que j'ai tenu à leur pontife. J'ai appaisé sa colère : il a consenti à ma demande & à la vôtre. Allons, Seigneur, tout est prêt. Les mêmes Dieux, qui m'ont inspiré, vous admettent à leur présence.

SCENE III.

CLYTEMNESTRE, IPHIGÉNIE,
ET LES MÊMES.

CLYTEMNESTRE.

Arrêtez, Seigneur, il faut éclaircir un mystère.

AGAMEMNON.

Ah! Madame, laissez-moi aller où m'appellent les destinées de ma famille & de la Grèce.

SCENE IV.

CLYTEMNESTRE ET IPHIGÉNIE.

CLYTEMNESTRE.

Ah! ma fille! il se dérobe à notre vue. Il va hâter, sans doute, les cruelles destinées de sa famille. Je ne m'étonne plus qu'interdit dans ses discours, il ait paru nous revoir à regret.

IPHIGÉNIE.

Hélas !

CLYTEMNESTRE.

Vous ne sçavez pas vos malheurs, ma fille.

IPHIGÉNIE.

Que dites-vous, Madame ?

CLYTEMNESTRE.

Arcas vient de me rendre, en ce moment, une lettre, qu'il avoit ordre de me rendre en chemin.

IPHIGÉNIE.

Eh bien !

CLYTEMNESTRE.

Votre pere m'ordonnoit de reprendre la route d'Argos, sous prétexte qu'Achille vouloit différer son hymen ; mais en effet pour s'ouvrir, dit-on, le chemin de Troye, votre pere devoit vous immoler.

IPHIGÉNIE.

Dieux !

CLYTEMNESTRE.

Arcas s'est égaré en chemin.

IPHIGÉNIE.

Vous ne m'auriez donné le jour, vous ne m'auriez élevée que pour être immolée aux Grecs, & immolée par un pere ! les cruels ! ils me conduisoient au milieu de l'Aulide sur un char de triomphe, ils allumoient les flambeaux de l'Hymen. Hymen fatal ! On me destinoit au fils de la Déesse, & je suis livrée à la mort.

CLYTEMNESTRE.

Non, ma fille, vous ne le serez pas ; je sçaurai vous défendre de la cruauté d'un pere. Achille même, le vaillant Achille, comment pourroit-il souffrir, sans commettre son honneur, qu'on abusât de son nom ? Quoi ? ce seroit lui-même qui vous conduiroit à l'autel. [*Elle veut sortir.*]

IPHIGÉNIE.

Ah non, arrêtez, Madame. Mon Pere qui vouloit nous faire retourner à Argos, sçaura me sauver au milieu même de l'armée ; lui, qui y tient le rang suprême, & qui a toujours aimé Iphigénie. Mais, hélas ! de quels yeux reverrai-je Argos ? Moi, qui en étois partie au milieu des concerts, des danses, pour être l'épouse d'Achille ; moi, qui, fille d'Agamemnon & de Clytemnestre, fille de Thétis, devois régner à Pthie dans les riches maisons de Pélée, & qui dans la race d'Achille étois destinée à donner de nouveaux héros à la Grèce. Non, laissez-moi mourir. Je mourrai au moins remplissant sans murmure la destinée à laquelle m'appellent les ordres d'un pere & les Dieux. Je mourrai sans déshonneur.

CLYTEMNESTRE.

Hélène, sœur fatale à la maison des Atrides, qui troublez toute la Grèce, qui mettez en armes l'Europe contre l'Asie, que vous me coûtez des larmes! Ce n'étoit pas assez que vous eussiez déshonoré la couche de Ménélas. Faudra-t-il encore qu'Agamemnon se souille du sang d'Iphigénie, avant de vous ravir d'entre les bras de votre indigne Phrygien?

IPHIGÉNIE.

Ah! Madame, que je prévois de malheurs, si vous n'êtes soumise aux ordres d'Agamemnon; & si vous voulez me dérober à la mort! vous voilà désobéissante à votre époux : lui-même désobéïroit aux Dieux, sans l'ordre desquels il n'oseroit pas me sacrifier. Si Achille prend ma défense, la discorde s'empare des chefs de l'armée ; tout ordre est renversé. Les Dieux seuls connoissent ce qui pourroit en arriver.

Air.

Que je meure obéissante aux ordres des Dieux, que j'acheve une vie qui m'exposeroit peut-être à des malheurs pires encore que la mort même.

Que je sauve par ma mort les maux qui menacent ma famille & les Grecs, qui menacent Achille.

SCENE V.

CLYTEMNESTRE.

Se pourroit-il qu'Agamemnon voulût immoler une fille si vertueuse ! Ambition, tyran des rois, que ne peux-tu sur le cœur des mortels orgueilleux ? Les Dieux se plairoient-ils à commander des crimes ?

Air.

Allons nous éclaircir, allons déchirer le

voile importun qui couvre encore mes yeux : nous verrons après le parti qu'il faudra prendre.

SCENE VI.

(*Le Théâtre représente l'intérieur du Temple de Diane.*)

AGAMEMNON, ULYSSE, CALCHAS, CHŒUR DES PRÊTRES.

CHŒUR DES PRÊTRES.

ENVAIN les mortels tentent de se soustraire aux ordres des Dieux.

Un du CHŒUR.

Les ordres des Dieux sont gravés sur l'airain de l'éternité.

Deux du CHŒUR.

Le temps ne sçauroit le consumer ; ni la force ni l'adresse des hommes ne sçauroient le briser.

(*Une partie des Prêtres danse gravemen autour de l'Autel de la Déesse.*)

Un du Chœur.

Les rois sont sujets aux décrets des Dieux, ainsi que les bergers.

Tout le Chœur.

Jupiter incline sa tête immortelle : l'olympe tremble, & l'univers se tait.

Calchas.

Approchez, Agamemnon, & regardez comme une faveur signalée de la Déesse, qu'on vous accorde, qu'elle soit interrogée une seconde fois.

Demi-Air.

Et vous, Déesse, fille de Jupiter, qui vous plaisez dans la solitude des vallées & dans l'ombre des forêts, ne regardez dans la démarche d'Agamemnon que la piété d'un pere.

Mais si mes vœux ont toujours été pour le bien de la Grèce, si mes sacrifices vous ont été chers;

Parlez, Déesse, redemandez votre victime, & vengez l'honneur de vos ministres, offensé par l'incrédulité.

Agamemnon.

Ah ! si l'âge, si l'innocence, la beauté,

si la piété envers les Dieux, envers vous-même, Déesse, que j'adore en ces lieux, & dont je crains les oracles....

(*Tandis qu'Agamemnon parle, on entend un bruit comme un tonnerre fort éloigné, qui augmente peu-à-peu.*)

CALCHAS.

La Déesse va parler.

(*L'Oracle dans le fond du Théâtre.*)

» Grecs, si vous voulez aborder à Troye,
» répandez dans l'Aulide le sang d'Iphigénie.«

AGAMEMNON.

Hélas?

LE CHŒUR.

Les rois sont sujets aux décrets des Dieux, ainsi que les bergers.

Deux du CHŒUR.

Mille vaisseaux cachoient les mers : les rivages & les collines étoient couvertes par les chariots de guerre.

Un du CHŒUR.

Où sont-ils maintenant?

Tout LE CHŒUR.

Le souffle des Dieux, irrités par la désobéissance, les a dispersés.

CALCHAS.

Allez, Seigneur, soumettez-vous aux ordres des Dieux.

LE CHŒUR.

Les ordres des Dieux sont gravés sur l'airain de l'éternité.

CALCHAS.

Seigneur, songez que ce sacrifice va vous ouvrir le champ de gloire, qui vous attend sous les murs d'Ilion. Voyez les vaisseaux Grecs couvrir l'Hellespont & voler à Troye, parmi les acclamations des Matelots & des Soldats. Voyez ces mêmes vaisseaux, les poupes couronnées & chargés de dépouilles, fendre une seconde fois ces mêmes mers. Voyez la Grèce entière qui vous appelle de loin, vous reçoit du rivage, & chante votre triomphe. Allez, Seigneur, soumettez-vous aux ordres des Dieux.

AGAMEMNON.

Hélas!

LE CHŒUR.

Les ordres des Dieux sont gravés sur l'airoin de l'éternité. Les rois y sont sujets, ainsi que les bergers. Jupiter incline sa tête immortelle; l'olympe tremble, & l'univers se tait.

ACTE IV.

Gallerie du Palais.

SCENE PREMIERE.

AGAMEMNON *seul.*

(*Une courte symphonie pathétique doit faire l'ouverture de la Scène.*)

Je l'ai donc entendu ce fatal oracle.! Il faut donc obéir aux Dieux !

SCENE II.

AGAMEMNON, CLYTEMNESTRE, ET IPHIGÉNIE.

CLYTEMNESTRE.

Je vous retrouve enfin, Seigneur, & parmi les soins de l'Etat & de l'armée, la voix de Clytemnestre peut se faire entendre. On avoit voulu nous faire croire, je ne sçais sur quel fondement, qu'Achille desiroit différer son hymen avec Iphigénie jusqu'à son retour de Troye ; mais lui-même, Seigneur, vient de presser cet hymen, & ne veut partir d'Aulide qu'à ce prix.

AGAMEMNON.

Madame, c'est à moi de disposer de ma fille.

CLYTEMNESTRE.

Cruel ! il est inutile de dissimuler ; sçachez que j'ai tout appris.

AGAMEMNON.

Ah ! malheureux Arcas, tu m'as trahi.

IPHIGÉNIE.

Non, mon pere, vous n'êtes point trahi. Dès que vous ordonnerez, vous serez obéi. Ma vie est votre bien ; je sçaurai vous la rendre, lorsque vous la demanderez. Je sçaurai offrir mon sein au fer de Calchas, & respecter le coup ordonné par vous-même. Si pourtant mon obéissance & mon respect paroissent dignes d'une autre récompense, j'ose dire que ma vie étoit couronnée d'assez d'honneurs, pour ne pas sou-

haiter de la perdre à mon âge. C'eſt moi
qui la première vous appella du doux nom
de pere, & que vous honorâtes du nom
de votre fille. C'eſt moi, qui, reçue la première dans vos bras, épuiſai par mille ca-
reſſes la tendreſſe paternelle : c'eſt moi que
vous avez deſtinée au fils de la Déeſſe, à
un prince digne de votre alliance. Hélas ?
avec quel plaiſir ne me faiſois-je pas compter
les noms des pays que vous alliez dompter
enſemble. Je ne m'attendois pas que pour
commencer ce triomphe, mon ſang fût le
premier qu'on dût verſer.

AGAMEMNON.

Ma fille, il n'eſt que trop vrai : j'ignore
par quel crime la vengeance des Dieux demande une victime telle que vous ; mais
ils vous ont nommée. Les Grecs ne ſçau-
roient aborder à Troye, que votre ſang ne
ſoit verſé. Calchas l'avoit annoncé, & moi-
même je viens d'entendre cet oracle funeſte,
qui a été prononcé contre vous pour la ſe-
conde fois. Que n'avois-je point fait pour
vous ſauver ? Je vous avois ſacrifié l'intérêt
de la Grèce, mon rang, ma ſûreté. Arcas
alloit vous défendre l'entrée du camp : les

Dieux l'ont égaré en chemin. Ne vous asfurez pas fur ma puiffance : en vain je combattrois contre les Dieux, & contre la fureur des Grecs. Votre heure eft arrivée, ma fille ; il faut céder. Mais en mourant faites connoître l'injuftice des Dieux, & le fang d'Agamemnon.

CLYTEMNESTRE.

Vous ne démentez pas votre race : vous êtes le fang d'Atrée & de Thyefte : bourreau de votre fille, il ne vous refte plus que d'en faire un feftin à la mere. Ainfi donc, je l'aurai amenée au fupplice ! je m'en retournerai feule par des chemins parfemés encore des fleurs qu'on a jetté fur fon paffage ! je reverrai Argos.....

Air.

Ah ! non, je ne fouffrirai jamais qu'on arrache ma fille d'entre mes bras, ou vous ferez aux Grecs un feul facrifice de la fille & de la mere.

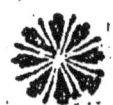

SCENE III.

LES MÊMES; ET ACHILLE.

ACHILLE.

Seigneur, un bruit bien étrange est venu jusqu'à moi ; mais je l'ai jugé peu digne de croyance. On dit, je ne puis le redire sans horreur, qu'Iphigénie aujourd'hui, qu'appellée sous mon nom en Aulide, je ne la conduirai à l'autel que pour y être immolée. Que faut-il que j'en pense, Seigneur ?

AGAMEMNON.

Je ne rends point compte de mes desseins. Quand il en sera temps, vous apprendrez le sort de ma fille, & l'armée en sera instruite.

CLYTEMNESTRE.

Pere cruel ?

ACHILLE.

Ah ! je ne sçais que trop le sort que vous lui réservez.

AGAMEMNON.

Pourquoi, si vous le sçavez, le demandez-vous ?

ACHILLE.

O ciel ! pourquoi je le demande ? Osez-vous avouer le plus noir des crimes ? Mais pensez-vous qu'Achille, oubliant sa foi & son honneur, laisse immoler Iphigénie ?

IPHIGÉNIE.

Hélas ! le ciel m'a rendue assez malheureuse, sans que j'allume encore une colère fatale entre mon pere, & celui qu'on avoit nommé mon époux. Laissez-moi mourir, Seigneur : j'apporte trop d'obstacles à votre gloire. Vous ne pouvez aborder à Troye, qu'au prix de mon sang. Allez, faites pleurer ma mort aux veuves de Troye. Si je n'ai pû vivre la compagne d'Achille, j'espère que votre nom & le mien seront joints à jamais, & que ma mort sera la source de votre gloire.

ACHILLE.

Non, vous ne mourrez pas. Tant que je vivrai, tant que ces yeux verront la lumière, je sçaurai, l'épée à la main, défendre mes droits contre qui que ce soit dans l'armée, fût-il revêtu du rang suprême.

AGAMEMNON.

Mais, vous qui menacez ici, oubliez-vous à qui vous parlez?

ACHILLE.

Et vous, oubliez-vous que c'est Achille que vous outragez? Non, je vous le répète, votre fille ne mourra pas : cet oracle est plus sûr que celui de Calchas.

AGAMEMNON.

Grands Dieux ! ne suis-je donc plus son pere.

ACHILLE.

Non; elle n'est plus à vous : on ne m'abuse point par d'indignes paroles. N'est-ce pas pour moi que vous l'avez mandée d'Argos?

AGAMEMNON.

Plaignez-vous donc aux Dieux qui l'ont demandée : accusez Calchas, le camp tout entier, accusez Ménélas, Ulysse, & vous tout le premier.

ACHILLE.

Moi?

L.

AGAMEMNON.

Vous, qui querellez à tout moment le ciel qui nous arrête. Mon cœur vous avoit ouvert une voie pour la sauver : c'étoit de renoncer à votre entreprise ; mais vous voulez courir à Troye. Allez, sa mort va vous en ouvrir le chemin.

ACHILLE.

Barbare, parjure, eh ! que m'a fait cette Troye ? Jamais les vaisseaux du Scamandre oserent-ils aborder aux rivages de Thessalie ? Jamais un ravisseur Phrygien vint-il enlever nos femmes ? Si je cours à Troye, c'est pour laver votre honte : faudra-t-il pour vous rendre Hélène, qu'on commence par me ravir Iphigénie ? Non, non ; je ne connois ni Priam, ni Pâris : je veux votre fille, & ne pars qu'à ce prix. Allez, puissant Agamemnon, nous verrons si sans Achille vous oserez approcher de Troye.

Quatuor.

AGAMEMNON.	ACHILLE.
Partez, fuyez : allez, d'autres, sans vous, trouveront le chemin de l'Asie.	Rendez graces au ciel, qui vous a fait le pere d'Iphigénie.

Je ne crains point votre couroux.

IPHIGÉNIE.

Ah! mon pere, Achille, calmez votre colère, laissez-moi mourir.

Vous l'éprouveriez à l'heure même.

CLYTEMNESTRE.

Oracle barbare! Pere plus barbare encore!

TOUS.

Dieux! quelle est votre cruauté?

SCENE IV.

CLYTEMNESTRE et IPHIGÉNIE.

CLYTEMNESTRE.

Le barbare fuit, & te livre à la mort. Oh! ma fille, oh! mere infortunée!

IPHIGÉNIE.

O soleil, ô lumière éternelle! je ne verrai donc plus le flambeau du jour! il m'éclaire pour la dernière fois.

CLYTEMNESTRE.

Achille combattra pour nous, & nous sauvera des mains d'un pere dénaturé.

IPHIGÉNIE.

Ah! ma mere, empêchez, au nom des

Dieux, qu'Achille ne prodigue sa vie pour sauver la mienne. Que sert enfin de se flatter ? Diane veut sa victime. Foible mortelle, puis-je résister à une Déesse ? Soyons la victime de la patrie. Vous vous taisez, Madame, & vos yeux sont couverts de pleurs.

CLYTEMNESTRE.

Infortunée que je suis, n'ai-je donc pas sujet de pleurer.

IPHIGÉNIE.

Ne m'attendrissez pas, songez plutôt à m'affermir.

CLYTEMNESTRE.

Hélas ! je retournerai donc à Argos seule sans ma fille ! Vainement, dans ma triste solitude, je demanderai Iphigénie aux lieux qu'elle habitoit autrefois : je la chercherai par-tout, & ne la reverrai plus.

IPHIGÉNIE.

Ah ! ma mere, encore une fois, au nom des Dieux, ne m'attendrissez pas davantage ; mais accordez-moi une grace.

CLYTEMNESTRE.

Parlez, je ne puis rien vous refuser.

IPHIGÉNIE.

Que ni vos cheveux coupés, ni vos

voiles déchirés n'annoncent le regret de ma mort.

CLYTEMNESTRE.

Hélas ! mais de retour à Argos, que ferai-je pour vous ?

IPHIGÉNIE.

Chériffez mon pere & votre époux.

CLYTEMNESTRE.

Ah ! il mérite d'effuyer les plus grands malheurs pour expier votre mort.

IPHIGÉNIE.

C'eft malgré lui, & pour le bien de la Grèce qu'il m'a facrifiée.

CHŒUR DES FEMMES.

Comme une fleur nouvelle coupée par la faux du moiffonneur, telle fera la belle Iphigénie fous le couteau de Calchas.

Deux d'entre le CHŒUR.

Dieux cruels, elle mourra !

IPHIGÉNIE.

Non, je vivrai toujours comme l'heureufe libératrice de la Grèce.

Un d'entre le CHŒUR.

Le flambeau de l'hymen devoit vous éclairer ; les ombres de la mort vont vous envelopper.

CLYTEMNESTRE.

Dieux favorables, animez Achille, donnez une force nouvelle au bras de notre vengeur. (*Elle sort.*)

Un d'entre le CHŒUR.

Princesse digne d'un meilleur sort ; vous espériez trouver Achille à l'autel, & vous y trouverez la mort.

IPHIGÉNIE.

J'y trouverai une gloire éternelle.

LE CHŒUR.

Comme une fleur nouvelle coupée par la faux du moissonneur, telle sera la belle Iphigénie sous le couteau de Calchas.

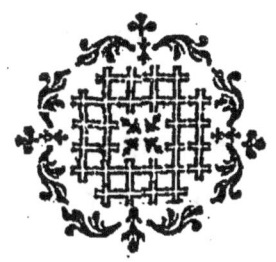

ACTE V.

SCENE PREMIERE.

(*Tente d'Achille.*)

CLYTEMNESTRE et ACHILLE.

ACHILLE.

Que vois-je ? vous ici, Madame !

CLYTEMNESTRE.

Je ne dois point rougir de venir embrasser vos genoux pour ma fille, pour votre épouse qui vous est enlevée. Le danger presse.

ACHILLE.

Connoissez-vous donc si peu Achille, & ne vous fiez-vous pas à ma parole ?

CLYTEMNESTRE.

On apprête déja le sacrifice impie, Seigneur.

ACHILLE.

Allez, Madame, Achille sauvera votre fille.

Air.

J'en atteste mon amour, & vous en réponds sur mon épée : elle sera abbreuvée du sang Grec, avant de se tremper dans le sang Troyen.

SCENE II.

(*Le Théâtre représente d'un côté le Bois & le Temple de Diane ; de l'autre côté, on voit une partie du Camp des Grecs, le Port de l'Aulide, & la Flotte.*)

IPHIGÉNIE, AGAMEMNON, CALCHAS, ULYSSE, ARCAS, CLYTEMNESTRE, Troupe de Prêtres, de Filles consacrées à Diane, & de Soldats.

(*La Troupe s'avance du fond du Théâtre, accompagnée d'une Musique lugubre.*)

CALCHAS.

Déesse, qui prêtez à la nuit l'éclat du jour ; Vous, qui veillez du haut de l'Olympe sur le salut de la Grèce, nous respectons vos ordres, nous nous soumettons à vos oracles ; prenez votre victime, Déesse, & déchaînez les vents.

LE CHŒUR.

Prenez votre victime, Déesse, & déchaînez les vens.

Partie du CHŒUR.

Pâris avec Hélène insulte de ses tours à nos mille vaisseaux qui le menacent envain.

LE CHŒUR.

Prenez votre victime, Déesse, & déchaînez les vents.

IPHIGÉNIE.

Me voici, ô! mon pere. Je me dévoue volontiers pour votre gloire & pour la Grèce. Grecs vous serez heureux, si votre bonheur ne dépend que de ma mort. Que personne ne porte les mains sur moi ; je présenterai mon sein : conduisez - moi comme une victime volontaire, victorieuse d'Ilion & fatale aux Phrygiens.

AGAMEMNON.

Hélas ! (*Il se voile la tête.*)

Partie du CHŒUR.

Tant de beauté & de vertu ne méritoit pas un sort si cruel.

Autre Partie.

Descendons sur le rivage d'Ilion ; & que les Dieux d'Ilion combattent contre nous.

Le Chœur.

Prenez votre victime, Déesse, & déchaînez les vents.

Chalcas.

Grecs, écoutez-moi, & formez d'heureux présages.

Clytemnestre.

Dieux ! Achille n'arrive point, & Calchas va frapper.

(*Calchas tire le glaive, le met dans un vase d'or, couronne la victime, prend une coupe remplie d'eau sacrée, & s'avance vers l'autel.*)

Calchas.

Déesse, fille de Jupiter, acceptez le sang d'Iphigénie, & accordez-nous la prise de Pergame.

(*Dans le moment qu'il va frapper, on entend un bruit d'armes : tout le monde se tourne de ce côté-là.*)

172 IPHIGÉNIE EN AULIDE,

(*Calchas continue.*)

Quel téméraire ennemi des Dieux ose troubler le sacrifice ?

SCENE DERNIERE.

LES MÊMES, ACHILLE, ET DIANE EN L'AIR.

ACHILLE.

C'est Achille, qui défend ses droits.

DIANE.

Achille, arrêtez, gardez votre courage & cette soif de sang contre les Troyens. Puisse le Pere des Dieux empêcher toujours que la colère n'anime Achille contre les Grecs, & ne retarde la chûte d'Ilion. Pour Iphigénie, elle est à moi.

(*Elle s'envole. On voit une biche palpitante & toute ensanglantée à la place d'Iphigénie. Achille leve les mains au ciel.*)

CALCHAS.

Ah ! prodige !

LE CHŒUR.

Ah ! prodige !

CALCHAS.

Le sang d'Iphigénie a paru trop précieux à la Déesse, pour le répandre sur ses autels. C'en en fait ; Agamemnon, Ulysse, Achille, Grecs, la Déesse exauce nos vœux; elle facilite notre course, & nous ouvre le chemin de Troye.

(*On entend le sifflement des vents, & le bruit de la mer, & l'on voit remuer les vaisseaux.*)

CHŒUR DES MATELOTS *qui sont sur les vaisseaux, & que l'on entend de loin.*

La mer s'agite, les flots s'élèvent, les vents nous appellent.

CHŒUR DES SOLDATS *sur le devant du Théâtre, qui répond :*

Les vents nous appellent.

(*Après que les deux Chœurs ont répondu alternativement, à plusieurs reprises.*)

TOUT LE CHŒUR.

Pâris ne jouïra pas long-temps de sa perfidie, les vents nous appellent ; Troye est renversée, & la Grèce est vengée.

(*Danse des Matelots.*)

Fin d'Iphigénie en Aulide, Opéra.

NOTES.

[1] M. Rousseau prétend cependant que le *Théâtre de l'Opéra dans son origine ne méritoit que des huées, & que sa richesse apparente n'étoit au fond qu'un signe de stérilité, comme les fleurs qui couvrent les champs avant la moisson.* A la bonne heure, si on s'étoit contenté dans ce Spectacle d'éblouir vainement les yeux, & d'étourdir les oreilles. Mais il convient lui-même *que les chansons des Nimphes, les hymnes des Prêtres, les cris des guerriers, les hurlemens infernaux ne remplissoient pas tellement ces drames grossiers, qu'il ne s'y trouvât quelqu'un de ces instans d'intérêt & de situation où le Spectateur ne demande qu'à s'attendrir.* Nous osons dire, sans crainte d'être démentis par personne, qu'il y avoit alors dans l'Opéra plusieurs de ces instans *qui en faisoient parler avec enthousiasme & respect*; & nous demandons si les Pièces de Quinaut, les premières à-peu-près qu'on a représentées sur ce Théâtre en France, ne méritoient que des huées.

[2] L'Abbé Perrin est le premier qui ait imaginé de donner des Opéra François, sous le ministère du Cardinal Mazarin qui avoit apporté ce goût de l'Italie. Cambert, Surintendant de la Musique de la Reine, mere de Louis XIV, mit en Musique les paroles des deux premiers Opéra

qui ont paru ; l'un en 1659, & l'autre en 1671. L'Abbé Perrin obtint du Roi, en 1669, le privilège des Opéra en France. Mais, en 1672, il céda ce privilège à Lulli, qui s'adreſſa conſtamment à Quinaut pour compoſer les paroles ; & ce ne fut qu'à cette époque que l'Opéra prit une certaine forme, qui ne fit que s'embellir de plus en plus fous la conduite de ces deux hommes de génie.

[3] Il y auroit de l'injuſtice à condamner tout-à-fait ce nouveau genre depuis les chef-d'œuvres d'Apoſtolo Zéno qui l'a créé, & de Métaſtaſio, ſon éleve, qui l'a perfectionné. Mais ſi le génie ſeul a pû les produire, le génie ſeul peut les ſoutenir ; & il eſt bien à craindre que leurs ſucceſſeurs, privés de cette reſſource, ne tombent dans les défauts que notre Auteur obſerve ſi finement dans le choix des ſujets hiſtoriques.

[4] Il ne faut pas croire que l'intérêt du cœur ſe refuſe même au merveilleux ; on pourroit faire pluſieurs raiſonnemens contre une aſſertion directement contraire de M. Rouſſeau. On ſe contentera d'en appeller à l'expérience. Avec quelle avidité l'enfance n'écoute-t-elle pas ces hiſtoires ſingulières & prodigieuſes dont on la berce ? Comme elle s'y attache ! comme elle ſe les fait répéter ! on diroit que la nature elle-même lui inſpire ce déſir curieux, qui devient
une

une espèce de passion. La lecture des Romans ne fait que la développer davantage ; & les Poëmes héroïques la portent jusqu'à l'enthousiasme dans les personnes, sur-tout, qui peuvent les lire en original. Alors ces êtres phantastiques sortis de l'imagination des Poëtes, ces Divinités fabuleuses, ces Héros extraordinaires, ces Fées à baguettes, ces Amantes à toute épreuve intéressent autant & plus encore sur leur sort, que des mortels dans lesquels on ne voit que misère, foiblesse & sotte vanité. Armide délaissée par Renaud, n'est-elle pas plus touchante, qu'une femme ordinaire abusée par un perfide ? Ne partage-t-on pas ses larmes & son désespoir ? Et quel est l'homme assez insensible pour résister aux divers mouvemens qui agitent cette Amante infortunée, s'il a vu représenter l'Opéra qui porte son nom ? Nous pourrions en dire autant de Proserpine entraînée aux Enfers par Pluton, de Roland en proie à des fureurs inouies, & de presque tous les drames de Quinaut, qui a entendu, mieux que personne, l'art d'y placer à propos le merveilleux.

[5] Aucun Auteur ne sçait mieux que Métastasio embellir l'Opéra des graces touchantes, d'une pompe majestueuse, d'une variété piquante, d'un intérêt soutenu, d'une poésie harmonieuse, d'un plan régulier. Génie heureux ! Poëte divin ! ton nom franchira la nuit des temps, & sera mis à côté des Sophocle, des Euripide, des

Corneille, des Racine, des Quinaut ; de Quinaut sur-tout, ton rival dans les Poëmes lyriques, mais qui n'a pas eu le même bonheur que toi de manier une langue aussi propre à la Musique que la tienne.

[6] Nous rapportons le passage suivant de M. Rousseau, en partie pour faire voir que malgré son enthousiasme pour la Musique Italienne, il ne peut s'empêcher de blâmer qu'on la sépare de la Poésie, & en partie pour relever une erreur manifeste de cet Ecrivain. » Après avoir essayé &
» senti ses forces, la Musique, dit-il, en état
» de marcher seule, commence à dédaigner la
» Poésie qu'elle doit accompagner, & croit en va-
» loir mieux en tirant d'elle-même les beautés
» qu'elle partageoit avec sa compagne. Elle se
» propose, il est vrai, de rendre les idées &
» les sentimens du Poëte ; mais elle prend en
» quelque sorte un autre langage, & quoique
» l'objet soit le même, le Poëte & le Musicien
» trop séparés dans leur travail, en offrent à la
» fois deux images ressemblantes, mais distinctes
» qui se nuisent mutuellement. L'esprit forcé de se
» partager, choisit & se fixe à une image plutôt
» qu'à l'autre. Alors le Musicien, s'il a plus d'art
» que le Poëte, l'efface & le fait oublier. L'Ac-
» teur voyant que le Spectateur sacrifie les Pa-
» roles à la Musique, sacrifie, à son tour, le
» geste & l'action Théâtrale au chant & au bril-
» lant de la voix ; ce qui fait tout-à-fait oublier

» la Pièce, & change le Spectacle en un véri-
» table Concert. Que si l'avantage, au contraire,
» se trouve du côté du Poëte, la Musique à son
» tour deviendra presque indifférente, & le Spec-
» tateur trompé par le bruit, pourra prendre le
» change, au point d'attribuer à un mauvais Mu-
» sicien le mérite d'un excellent Poëme, & de
» croire admirer des chefs-d'œuvre d'harmonie
» en admirant des Poëmes bien composés. Tels
» sont les défauts que la perfection absolue de
» la Musique & son défaut d'application à la
» Langue peuvent introduire dans les Opéra, à
» proportion du concours de ces deux causes. «

Comment peut-il se faire qu'on attribue à un mauvais Musicien le mérite d'un excellent Poëme, & qu'on croie admirer des chefs-d'œuvre d'harmonie en admirant des Poëmes bien composés ? Y a-t-il donc une si grande relation entre la Poésie & la Musique, que l'une efface les défauts de l'autre, & sur-tout dans le temps du Spectacle où l'on entend à peine les paroles, & auxquelles on prête peu d'attention ? Dans ce cas-là, il faudroit conseiller aux Musiciens médiocres, pour s'assurer un succès infaillible, de travailler sur les drames de Quinaut ou de Métastasio, dont la Poésie est si douce, si coulante, si pittoresque. Mais l'expérience prouve, particulièrement en Italie, qu'on fait de la Musique très-médiocre sur des Poëmes excellens, comme sur de mauvais. La différence donc d'une

Musique agréable ou languissante, ne vient que du plus ou du moins de talens du compositeur.

[7] Autrefois les Musiciens étoient non-seulement Poëtes ; mais on comptoit encore parmi eux des Philosophes, des Orateurs. Tels étoient Orphée, Terpandre, Stésichore, &c. Aussi Boèce ne veut-il pas honorer du titre de Musicien celui qui pratique seulement la Musique par le ministère servile des doigts & de la voix, mais celui qui possède cette science par le raisonnement & la spéculation. Il semble, en effet, que pour s'élever aux grandes expressions de la Musique oratoire & imitative, il faudroit avoir fait une étude particulière des passions humaines & du langage de la nature. Or que sont la plupart de nos Musiciens, bornés à la pratique des notes & de quelques tours de chant ? On peut assurer, sans craindre de les offenser, qu'ils ne sont pas de grands Philosophes.

[8] Il est difficile d'opposer quelque chose de solide à tout ce que notre Auteur dit sur la maniere de composer les ouvertures de l'Opéra. Cependant M. Rousseau, admirateur outré de la Musique Italienne, fait tous ses efforts pour exalter les ouvertures des Opéra Italiens. Nous observons seulement que le dessein très-marqué de sa part de rabaisser la Musique Françoise, lui font souvent prodiguer à l'Italienne des éloges

qu'elle ne mérite pas toujours, & que les Amateurs éclairés des deux Nations ne sçauroient lui accorder.

[9] Il n'y a point de partie dans la Musique dont les Connoisseurs fassent autant de cas, que du Récitatif, & sur laquelle ils soient aussi difficiles. Il suffit même d'exceller dans cette seule partie, fût-on médiocre dans toutes les autres, pour s'élever chez eux au rang des plus illustres Artistes; & le célèbre Porpora ne s'est immortalisé que par-là.

[10] M. Tartini rapporte avoir entendu, en 1714, à l'Opéra d'Ancône un morceau de Récitatif d'une seule ligne, & sans autre accompagnement que la Basse, faire un effet prodigieux, non-seulement sur les Professeurs de l'Art, mais sur tous les Spectateurs. « C'étoit, dit-il, au » commencement du troisième Acte. A chaque » Représentation un silence profond dans tout le » Spectacle, annonçoit les approches de ce ter- » rible morceau. On voyoit les visages pâlir; on » se sentoit frissonner, & l'on se regardoit l'un » l'autre avec une sorte d'effroi : car ce n'étoit » ni des pleurs, ni des plaintes : c'étoit un sen- » timent de rigueur, âpre & dédaigneuse qui » troubloit l'ame, serroit le cœur & glaçoit le » sang. » (*Diction. de Musique par M. Rousseau.*)

[11] Un Air sçavant & agréable, dit M.

Rousseau, un Air trouvé par le génie & composé par le goût, est le chef-d'œuvre de la Musique. C'est-là que se developpe une belle voix, que brille une belle symphonie ; c'est-là que la passion vient insensiblement émouvoir l'ame par les sens. Après un bel Air on est satisfait ; l'oreille ne desire plus rien ; il reste dans l'imagination ; on l'emporte avec soi, on le repete à volonté : sans pouvoir en rendre une seule note, on l'exécute dans son cerveau, tel qu'on l'entendit au Spectacle : on voit la Scène, l'Acteur, le Théâtre : on entend l'accompagnement, l'applaudissement. Le véritable Amateur ne perd jamais les beaux Airs qu'il entendit en sa vie ; il fait recommencer l'Opéra quand il veut.

[12] M. Rousseau soutient directement le contraire. Il prétend que la Musique dans le siècle passé ne sçavoit rien peindre, qu'elle étoit bornée aux sens, sans aller jamais jusqu'au cœur ; & que les Musiciens, qui n'avoient que la méchanique de leur Art, privés du feu de l'invention & du don de l'imitation, faisoient des Opéra *comme ils auroient fait des sabots.* Il blâme également le Sujet & le remplissage des Drames ; mais il admire avec transport & la Musique & la Poésie de nos jours. Qui des deux croire, ou le Comte Algarotti, où M. Rousseau ? Peut-être est-il facile de donner raison des sentiments de l'un & de l'autre. Le Comte Algarotti né Italien, exercé par la sagacité propre de cette

nation à porter un coup-d'œil juste sur les Arts agréables, dégagé de toute prévention, a pû remarquer des beautés & des défauts, dont la connoissance est réservée à des Amateurs extrêmement éclairés. Au lieu que M. Rousseau, étranger dans l'Italie, malgré le long séjour qu'il y a fait, a pû très-bien se laisser entraîner par l'enthousiasme du Vulgaire, qui, dans ce pays comme par-tout ailleurs, trouve admirable tout ce qu'on fait chez soi. D'ailleurs, il avoue lui-même qu'il avoit été passionné pour la Musique Françoise, jusqu'au moment où il entendit l'Italienne. Or il est assez ordinaire que lorsqu'on vient à changer d'opinion, la honte & le dépit qu'on éprouve d'avoir embrassé chaudement une erreur, inspire des transports encore plus violents de zèle & d'enthousiasme pour la vérité qu'on croit avoir découverte ; & tel est le cas où se trouve M. Rousseau, qui critique avec tant d'aigreur la Musique & la Poésie Françoise, & qui les voit toutes deux si parfaites chez les Italiens.

[13] Nous regardons la déclamation, l'éloquence du geste & du visage, & tout ce que l'on entend par action Théâtrale, comme un Art très-difficile à acquérir pour un Acteur de l'Opéra. Qu'on fasse attention à la gêne dans laquelle il se trouve. Obligé de suivre pas à pas la Note, comment peut-il exprimer l'énergie des passions qui ne connoissent point de règles ? Comment peut-il peindre les différentes nuances

d'un sentiment, lorsqu'on le restraint non-seulement aux paroles, mais encore au ton avec lequel il doit le rendre ? Comment son geste & son visage peuvent-ils être animés ? ou plutôt leurs mouvements ne doivent-ils pas être méchaniques en quelque sorte, symmétrisés, communs & à contre-sens ? De plus, il est partagé entre la symphonie qui l'accompagne, la mesure qu'il faut garder essentiellement, le chant qu'il faut embellir. Il est occupé de trop de choses à la fois, pour qu'il puisse suffire à les perfectionner toutes. Il sacrifie celles qu'il regarde comme les moins importantes, & c'est la déclamation Théâtrale ; parce que c'est celle à laquelle la plûpart des Spectateurs font le moins d'attention. De-là vient, sans doute, qu'on a compté si peu de bons Acteurs sur le Théâtre de l'Opéra. Mais les difficultés ne sont pas une raison pour qu'on soit dispensé de les surmonter.

[14] On peut regarder Madame La Ruette comme une des Actrices qui se distingue le plus dans celui de nos Spectacles Lyriques, qui paroît être aujourd'hui le plus goûté du Public. Sa prononciation est claire & distincte, sa voix est agréable & moelleuse, son chant est naturel & brillant ; son goût est éclairé par la science de la Musique, qui la conduit toujours dans l'observation exacte de la mesure, & qui lui fait même diriger l'Orchestre ; enfin, son action est libre, &, dans la vérité, on ne sçauroit assez la

propofer pour modèle aux perfonnes qui veulent courir la même carrière.

[15] Comme l'Article de la Danfe eft un peu court dans l'original, nous avions réfolu d'y fuppléer par quelques notes, tirées en grande partie des Lettres fur la Danfe, par M. Noverre, la meilleure fource où nous aurions pû puifer, pour en parler comme il faut. Mais nous avons été embarraffés fur le choix : il auroit fallu tranfcrire prefque tout l'Ouvrage ; & nous avons crû qu'il valoit mieux y renvoyer le Lecteur. Il peut confulter le Traité fur la Danfe, par M. Cahufac.

[16] M. Rouffeau examine fi la Danfe étant un langage, & par conféquent pouvant être un Art d'imitation, peut entrer avec la Poéfie, la Mufique & la Peinture dans la marche de l'action Lyrique, ou bien fi elle peut interrompre & fufpendre cette action, fans gâter l'effet & l'unité de la Pièce. Ce dernier cas, dit-il avec raifon, ne peut pas même faire une queftion. Refte donc à voir fi on ne pourroit pas faire entrer la Danfe dans l'Opéra, comme partie conftitutive. Mais comment admettre à la fois deux langages qui s'excluent mutuellement, & joindre l'Art Pantomime à la parole qui le rend fuperflu ? Le langage du gefte étant la reffource des muets ou des gens qui ne peuvent s'entendre, devient ridicule entre ceux qui parlent. On ne répond point à des mots

par des gambades, ni au geste par des discours. Il ajoûte qu'il est absurde & ridicule de dire à la fois la même chose à la même personne & de bouche & par écrit ; que la Danse, dont le contraste affoiblit la vraisemblance, détruit l'intérêt, & que soit dans la même action poursuivie, soit dans un épisode inféré, elle blesse également la raison. Il consent cependant à ce qu'on termine le Spectacle par un Ballet, comme une petite Pièce après la Tragédie. Alors devenant la langue de convention, la parole doit en être bannie à son tour ; & la Musique restant le moyen de liaison s'applique à la Danse dans la petite Pièce, comme elle s'appliquoit dans la grande à la Poésie.

Nous croyons appercevoir tant de sophismes dans ce passage, qu'il faudroit un traité complet pour les réfuter ; & nous ne pouvons faire que de très-courtes observations. 1°. M. Rousseau avoue lui-même que le Spectateur ne cherche à l'Opéra qu'à se prêter à des fictions, dont il tire tout son plaisir. Si la Danse est quelque chose de plus qu'une fiction ; si c'est un Art qui charme par lui-même le Spectateur, s'il le dispense de chercher à se prêter à de vaines images, dont la raison ne s'accommode pas toujours, pourquoi lui disputer l'avantage de procurer un plaisir très-véritable ? 2°. C'est faire le procès bien légèrement à toute l'Antiquité qui ne laissoit pas pourtant de se connoître en Beaux-Arts, & qui se plaisoit si fort à la Pantomime, bien supérieure à la nôtre, dont nous sçavons à peine les premiers éléments, que les Dames Romaines ne pouvoient s'empêcher de pousser des cris de plaisir à la vue de certains gestes & mouvements de Batille. 3°. Le langage du geste & la parole ne s'excluent pas mutuellement. L'un n'est que l'extension, l'ornement & quelquefois même le supplément de l'expression de l'autre. Assurément Cicéron ne trouvoit pas le langage du geste absurde, quand il fait l'éloge du Comédien Roscius, son ami, qui assura pouvoir exprimer tout autant de fois par le geste la même pensée, que l'Orateur seroit le maître de varier par des paroles différentes, & qui y réussit. 4°. Quand il seroit vrai que la Danse ne fait que répéter ce que les paroles ont déja exprimé, ce qui n'arrive pas toujours, comme on peut le juger dans plusieurs Ballets; on ne sçauroit au moins disconvenir que les moyens de peindre la même chose sont très-différents; & c'est assez pour conserver la vraisemblance & l'intérêt. Quel est l'Amateur de Peinture qui ne fût enchanté de voir un même sujet traité par Michel Ange & par l'Albane? La différence du dessin & du coloris de ces deux Peintres, pour rendre la même image, ne seroit-elle pas pour lui une source inépuisable de sensations délicieuses? Nous sommes fâchés de ne pouvoir pas ajoûter d'autres réflexions que nous aurions à faire; mais il est temps de finir cette note déja trop longue.

[17] [On pourroit citer ici les noms de plusieurs Danseurs & Danseuses qui soutiennent par leurs talents l'Opéra de Paris, & qui rendent ce Théâtre le premier, sans contredit, de l'Europe du côté de la Danse. Mais Messieurs Vestris, d'Auberval, Mesdemoiselles Allard & Guimard sont au-dessus de nos éloges. Que cette derniere est sur-tout séduisante! Il ne faut que la voir exécuter ses pas, pour se former l'idée d'une Danse noble, facile, gracieuse, pleine de sentiment, d'expressions & de volupté. Vous diriez que c'est Vénus qui dans les Jardins d'Idalie se mêle dans les Danses des Graces & des Nymphes de sa cour, ou Terpsichore qui veut montrer à ses Compagnes toutes les délicatesses de l'art qu'elle protége.

[18] On a vû sur le Théâtre de l'Opéra, en France, des Décorations qui étoient selon toutes les règles du costume, & qui produisoient le plus bel effet. Telles sont, entr'autres, les Décorations de Castor & de Pollux : mais personne n'a mieux réussi dans les Décorations que M. Servandoni. C'étoit le premier homme de l'Europe pour l'entente des Théâtres de notre temps.

[19] Il faudroit imaginer le moyen d'éclairer autrement le Théâtre, soit en plaçant les lumières vers le ceintre, soit en les distribuant derrière le *Proscenium*, rien n'étant plus nuisible au coup-d'œil que la vapeur qui s'exhale de celles

placées où on les voit aujourd'hui : vapeur qui fatigue à la fois les yeux du Spectateur, en lui dérobant en partie la vue de la Scène. (*Cours d'Architecture par M. Blondel.*)

[20] Nous croyons faire plaisir au Lecteur en lui mettant sous les yeux un passage de *M. Blondel*, *dans son Cours d'Architecture*, qui a très-bien développé la meilleure maniere de construire les Salles de Spectacles. " En général nous pensons, " dit-il, que l'intérieur de la Salle de ces sortes " d'Edifices devroit être de forme circulaire ou " elliptique, de préférence à celle oblongue qu'on " leur a donnée jusqu'à présent : que leur partie " supérieure devroit être décrite par une courbe " surbaissée, & non terminée par un platfond; " les angles droits que forme celui-ci, n'inter-" rompent que trop souvent la répercussion des " sons de la voix & des instruments. Nous pen-" sons encore qu'il seroit bien de supprimer les " *Loges* dans nos Spectacles, pour n'y pratiquer " que des galleries continues, qui dans leur hau-" teur feroient retraite les unes sur les autres ; " d'élargir considérablement le diamétre des Sal-" les, pour pouvoir raccourcir d'autant leur lon-" gueur, ce qui ne se pourroit guère que par la " forme que nous proposons, qui par-là rappro-" cheroit la vue des Acteurs, & permettroit d'en-" tendre la voix des plus foibles : de détruire " le lieu nommé *Parterre*, pour en faire un par-" quet où seroient placés des gradins ; moyen

» d'empêcher le tumulte, & de procurer à nos
» Spectacles cette tranquillité dont peut-être ils
» ne jouiront jamais sans cette précaution ; ajou-
» tons que par-là on procureroit à nos Salles
» une quantité de places d'élite, qui ne sont guères
» occupées aujourd'hui que par la jeunesse, sou-
» vent inconsidérée, qui trouble la Scène dans
» ses moments les plus intéressants : d'établir
» l'Orchestre des deux côtés, & au-dessus des
» Balcons, au lieu de le placer intermédiairement
» entre le Théâtre & la Salle proprement dite ;
» le bruit de la Symphonie n'empêche que trop
» souvent les Spectateurs d'entendre les Acteurs. «

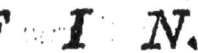

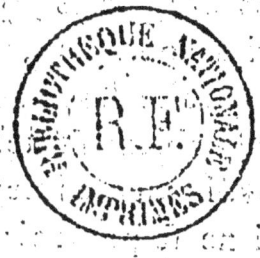

www.ingramcontent.com/pod-product-compliance
Lightning Source LLC
Chambersburg PA
CBHW052252220526
45471CB00001B/299